# RAPPORT

SUR LES

# PRISONNIERS DE GUERRE FRANÇAIS

## INTERNÉS A MAYENCE

DU MOIS D'AOUT 1870 AU 24 JUILLET 1871

**Avec la liste complète des décès**



Par le P. STRUB

DE LA CONGRÉGATION DU SAINT-ESPRIT ET DU SAINT-CŒUR DE MARIE
AUMÔNIER DES PRISONNIERS DE MAYENCE

Nous avons passé neuf mois au milieu des prisonniers de guerre français internés à Mayence à la suite des derniers événements. Témoin journalier de leurs souffrances et de leurs privations, témoin aussi de ce que la charité chrétienne a inspiré de sacrifices pour leur rendre plus supportable leur situation pénible, nous avons rédigé le rapport court, mais substantiel, qu'on va lire. Nous le dédions aux personnes généreuses avec lesquelles la Providence nous a mis en relation dans le but de soulager nos infortunés soldats.

Nous savons, d'autre part, que beaucoup de mères sont encore dans une ignorance inquiète sur le sort de leurs fils. C'est pour elles surtout que nous avons cru devoir joindre à notre rapport, la liste des décès; liste trop longue hélas ! et dans laquelle, peut-être, plus d'un nom inattendu sera découvert par des lecteurs amis. Mais, hâtons-nous de le dire, nous sommes à même d'apporter à leur deuil une consolation solide. Nos soldats mouraient en chrétiens sur la terre d'exil, et, pour la plupart, ils étaient les premiers à réclamer les secours de notre ministère. Puisse cette pensée tempérer la douleur des familles atteintes dans leurs plus légitimes affections.

J. STRUB,

Missionnaire du Saint-Esprit
et du Saint-Cœur de Marie.

Le 28 juillet 1871.

# RAPPORT

SUR LES

# PRISONNIERS DE GUERRE FRANÇAIS

## INTERNÉS A MAYENCE

## I

## Personnel des prisonniers.

La ville de Mayence fut, avec Coblentz, Cologne et Magdebourg, un des principaux dépôts des prisonniers de guerre faits par l'armée prussienne. Elle en reçut plusieurs milliers, dès après les combats de Wissembourg, de Reichshoffen et de Spickeren. Plus tard y furent amenés bon nombre de ceux de Strasbourg, de Sedan, de Metz : presque toute la mobile de Schelestadt et une grande partie de celle de Dijon ; ce qui en novembre 1870 faisait un total de vingt-six à vingt-sept mille hommes, sans compter cinq cents officiers de tous rangs et près de deux cents civils internés séparément à la citadelle (1).

(1) Ces prisonniers ou otages étaient la plupart des environs de Paris. Il s'y trouvait plusieurs vieillards très-avancés en âge à côté d'enfants de douze à quinze ans.

Vers la fin de janvier 1871, pour des motifs à nous inconnus, on dissémina les prisonniers militaires en diverses villes et forteresses de l'Allemagne. C'est ainsi que, pendant plusieurs jours consécutifs, des détachements de quatre cents à cinq cents hommes partaient pour Stendal, Zeitz, Cosel, Rotenburg, Darmstadt, Giessen, etc. En mars, il ne restait plus à Mayence que huit mille hommes de troupes, dont la moitié put rentrer en France, ainsi que les officiers, peu de jours après la signature des préliminaires de Versailles. Au même moment on faisait revenir presque tous ceux qui en avaient été éloignés, deux ou trois mois auparavant; on y concentra aussi, en grande partie, la garde impériale; en sorte que bientôt le chiffre total regagna sa première importance.

Quant au rapatriement de nos soldats, il s'opéra avec certaines hésitations, même depuis la conclusion de la paix. Durant plusieurs semaines on ne rendait à la liberté que les hommes pouvant payer les frais de voyage (1). En juin seulement commencèrent les départs réguliers, et le 17, le dernier train emportait les deux cent soixante malades et blessés, jugés capables de supporter le trajet. Cinquante-quatre infirmes durent être laissés dans les hôpitaux; la mort en enleva, depuis, une douzaine; le reste vient de rentrer dans ses foyers.

## II

## Situation matérielle et secours reçus.

Les officiers internés à Mayence, étant tous prisonniers sur parole, recevaient du gouvernement prussien une solde mensuelle proportionnée à leur grade, et moyennant laquelle ils avaient à pourvoir à leur logement et à leur entretien.

(1) Ils devaient être pourvus d'une somme d'au moins vingt francs.

Ils circulaient librement en ville, mais ne pouvaient sortir de l'enceinte des fortifications, et devaient à l'heure de midi répondre à l'appel. Quant à la troupe, elle était gardée en grande partie au camp dit de l'Etoile, vaste plateau touchant aux murs de la ville et dominé par le canon des forts. L'espace étant devenu insuffisant, on interna plusieurs milliers d'hommes dans la citadelle, les forts et les casernes. Un certain nombre, surtout des soldats alsaciens, obtinrent de prendre du travail chez des particuliers, qui répondaient d'eux devant l'autorité.

Maintenant devons-nous entrer dans les détails, pour décrire à nos lecteurs le confortable du prisonnier français de Mayence. Nous ne le pensons pas. Aussi bien un chacun peut-il se persuader, sans que nous le disions, que, par la force même des choses, l'ensemble devait singulièrement laisser à désirer. Les premiers mois furent donc pour nos prisonniers vraiment durs et pénibles. Au camp, le soldat n'avait encore en décembre d'autre abri que la tente et couchait sur un peu de paille. Des baraques en bois furent alors construites, et chaque homme reçut une paillasse et deux couvertures. L'ordinaire était, en règle générale, celui du troupier prussien; mais, *au moins dans le principe*, la distribution s'en faisait très-irrégulièrement; enfin, tous les jours, le simple soldat était requis pour plusieurs heures de corvée, ce qui lui devenait une source nouvelle d'humiliations et ajoutait aux ennuis de sa captivité. Nous parlerons plus loin de la situation des blessés et des malades. Ajoutons seulement ici que tous, bien portants et infirmes, nous arrivaient, pour la plupart, dans un dénûment complet, et cela à l'entrée d'un hiver qui devait leur être d'une rigueur inaccoutumée.

Il y avait donc là un champ immense où la charité pouvait exercer son zèle. On le comprit. Des comités spéciaux furent fondés en ce but en France, en Belgique, en Suisse et en Allemagne, et de tous côtés affluèrent les objets de première nécessité, qui aussitôt recevaient leur destination, en grande partie par l'entremise des aumôniers militaires. Les premiers dons nous furent envoyés par les deux comités de Lille : l'un présidé par M. le comte de Melun et dont M. Gosselin était le principal agent; l'autre, comité de dames, s'occupant plus spécialement du soulagement des *turcos* d'Afrique. Vinrent ensuite le comité de Genève, dirigé par Mgr Mermillod et auquel M. le comte de Nicolay voulut bien servir d'agent; ceux de Bâle, de Bruxelles, de Reims, de Nancy, de Bordeaux, de Lyon; celui de Colmar, dont les agents, MM. Malval et Belin, méritent une mention particulière. Enfin nous rappellerons la générosité du comité formé par les officiers français prisonniers eux-mêmes. Mme la maréchale de Mac-Mahon en avait accepté la présidence. Foncièrement chrétienne et pieuse, elle puisait dans sa foi un appui et un stimulant à son éminente charité. Nos soldats ne se lassaient pas d'admirer son zèle et son abnégation. Au cœur de l'hiver elle les visitait au camp et dans les hôpitaux, et, chaque semaine, elle quittait sa résidence de Wiesbaden pour venir leur distribuer elle-même de nouveaux secours. Habituellement cette distribution se faisait dans la maison de M. Humann, banquier de Mayence, qui, s'intéressait vivement au sort de nos prisonniers et a donné en toutes circonstances des preuves du plus admirable dévouement.

En dehors des comités et des bienfaiteurs que nous venons d'énumérer, bien des noms chers à nos prisonniers mériteraient de figurer ici. Mais nous serait-il possible d'en dresser une liste complète? Souvent les offrandes nous arrivaient de sources inconnues; d'autres fois leurs auteurs désiraient demeurer dans l'ombre; pour d'autres enfin, nous devons avouer que notre mémoire nous fait defaut. Toutefois nous ne croyons commettre aucune indiscrétion en rappelant encore certains noms plus connus et que nous ne saurions oublier : Mme la maréchale Canrobert, Mme de Grammont, Mme la duchesse de Lesparre, Mme la comtesse de Croix, Mme la comtesse de Zeppelin, Mme Clémeur de Stuttgard, M. le docteur Worms de Bruxelles, M. le président Loyson, MM. Fallot et Legrand de Fouday; ce sont là autant de bienfaiteurs et bienfaitrices, qui contribuèrent singulièrement à rendre plus supportable la situa-

tion si pénible de nos prisonniers. M. l'abbé Bénard et le R. P. Laurent de Bruxelles ont droit à une mention spéciale ; tandis que d'autres avaient plus particulièrement en vue le soulagement du corps, ils songèrent à fournir quelque nourriture aux âmes et aux intelligences, en envoyant pour nos soldats toutes sortes d'ouvrages propres à les intéresser. Disons enfin que le gouvernement français ne resta pas en dehors de ce beau mouvement de charité, qui a excité l'admiration de l'Europe. M. le comte de Loys fut chargé par M. Crémieux de visiter tous les dépôts des prisonniers et d'y faire distribuer de nombreuses sommes dont il était porteur.

A tant de générosités devait répondre un résultat sérieux, et il en fut réellement ainsi. Toutefois, comme nous désirons ne rien cacher à nos lecteurs, nous ajouterons qu'une partie relativement notable des envois en nature, faits par divers comités, n'ont atteint qu'imparfaitement leur but. Par suite des circonstances du moment, le transport des effets de marchandises entre l'Allemagne et l'étranger éprouvait des retards parfois très-considérables. Il en résulta que déjà nous jouissions du beau soleil du printemps quand nous arrivaient encore des caisses de chauds vêtements d'hiver dont le soldat ne sentait plus le besoin, tandis qu'il manquait de chaussures, de savon, de tabac et d'autres accessoires dont la privation lui était très-pénible. Nous nous permîmes de faire part de ce contre-temps à nos généreux bienfaiteurs, et bientôt, grâce à de nouveaux dons en argent, chaque homme reçut en moyenne une solde de cinq centimes par jour.

Ce serait ici le lieu de parler de la visite que vinrent faire à nos soldats MM. Jules Favre et Pouyer-Quertier après la conclusion de la paix à Francfort ; mais les journaux l'ont raconté avant nous. Nous dirons seulement, pour avoir pu le constater par nous-mêmes, que les paroles pleines de patriotisme de M. le ministre des affaires étrangères contribuèrent singulièrement à relever le moral de nos troupes, sans parler de la double solde de dix centimes par jour qui, depuis lors, ne cessa de leur être distribuée.

En terminant ce paragraphe, nous prions tous les généreux bienfaiteurs d nos prisonniers de vouloir bien agréer l'hommage de notre plus vive recon naissance. Notre qualité de prêtre nous faisait considérer ces enfants infortuné de la France comme nos propres enfants, et nous ne saurions dire assez com bien nous avons été sensible à toutes les marques de sympathie et de charit chrétienne qu'on n'a cessé de leur témoigner durant les longs mois de leur captivité.

## II

## Aumônerie et service religieux.

1. *Aumônerie.* — Durant les deux premiers mois, il n'y eut point de prêtre officiellement chargé du service religieux des prisonniers internés à Mayence. Toutefois deux ecclésiastiques zélés, M. l'abbé Haffner, chanoine de la cathédrale, et M. l'abbé Geyer, professeur du gymnase, exercèrent dès le principe, surtout auprès des malades et des blessés, les fonctions de leur saint ministère. Au mois d'octobre, le gouvernement prussien nous agréa, ainsi que le R. P. Staub, jésuite, et M. de Rolshausen, lazariste, en qualité d'aumôniers des soldats français. De plus, six prêtres de divers diocèses de France vinrent successivement nous offrir leurs services; savoir : M. l'abbé Dietz, du diocèse de Strasbourg, qui s'occupa plus spécialement des malades de l'hôpital de la caserne Munster; les RR. PP. Bailly et Pernet, religieux augustins de l'Assomption de Nîmes, qui témoignèrent d'un zèle à toute épreuve en entendant à confesse et réconciliant avec Dieu les nombreux soldats que les aumôniers leur amenaient chaque jour à l'église du grand séminaire; enfin le R. P. François, capucin, MM. les abbés Louison et Martin, tous trois de Lyon, dont l'activité fut pour nous d'un secours très-précieux.

2. *Offices religieux.* — Pendant les premières semaines, les offices des dimanches et jours de fête se faisaient au camp et en plein air. Plus tard, à cause des intempéries de la saison, le gouvernement accorda que les prisonniers pussent assister aux offices en quelques-unes des églises de la ville. On en désigna quatre, savoir celles de Saint-Etienne et de Saint-Pierre, la chapelle du grand séminaire et l'église paroissiale de Castel. Chaque dimanche, on y célébrait pour les soldats une messe avec prône, et deux fois par semaine, les mardi et jeudi, ceux qui le désiraient pouvaient se rendre à l'église de Saint-Étienne, où, après la messe, on leur faisait une instruction appropriée à leurs besoins. A partir du mois de mai, la saison étant devenue plus favorable, une chapelle fut élevée au milieu du camp, et l'on y célébra dès lors les offices du dimanche avec grande solennité, la musique instrumentale alternant avec les chants de l'Église.

Nous croyons devoir ajouter, quoique à regret, un détail qui ne laisse pas d'avoir son importance. Une des églises de la ville, celle de Saint-Christophe, avait été choisie pour MM. les officiers ; on y célébra pendant quelques dimanches un office spécial pour eux, mais l'assistance se distinguant par une rareté que nous aimons à croire exceptionnelle, cette combinaison n'eut pas de suite.

3. *Mois de Marie.* — Le soldat, indifférent bien souvent pour les autres pratiques religieuses, l'est de beaucoup moins quand on lui parle de la dévotion à la bonne Vierge, patronne de la France. Aussi, comme on pouvait s'y attendre, les exercices journaliers du beau mois de Marie furent-ils suivis avec une assiduité qui ne s'est jamais démentie. Tous les soirs on se réunissait devant l'autel du camp élégamment orné, pour y chanter des cantiques et y prier celle qui est par excellence la consolatrice des affligés.

Patronne de la France,
Marie, à tes genoux,
Nous prions ta clémence
D'avoir pitié de nous.

Tel était le refrain improvisé pour la circonstance. Habituellement un des aumôniers montait en chaire et racontait quelque trait de la protection toute puissante de Marie. Le tout se terminait par la récitation de la prière du soir. N'oublions pas de dire que la belle musique de la garde avait coutume de se faire entendre au commencement et à la fin de ces pieux exercices, dont, croyons-nous, le souvenir restera longtemps gravé dans le cœur de nos prisonniers de Mayence.

4. *Réception des sacrements.* — Les soldats français ont eu, durant leur séjour à Mayence, toutes les facilités désirables pour s'approcher des sacrements et se réconcilier avec Dieu et leur conscience. Un aumônier passait journellement de longues heures au milieu d'eux, les visitant dans les baraques et prenant les noms de ceux qui se montraient disposés à remplir leurs devoirs religieux. De cent cinquante à deux cents venaient chaque soir s'approcher du sacrement de pénitence dans l'église du grand séminaire, que le supérieur, M. le docteur Moufang, voulut bien mettre à leur disposition ; le lendemain, ils y assistaient à la messe et y recevaient le pain eucharistique. Sur vingt-sept mille prisonniers quinze mille environ ont satisfait à leurs devoirs de chrétiens. Le respect humain et les préjugés d'une éducation première en ont, comme on voit, tenu éloignés un nombre relativement considérable ; d'ailleurs on ne sait que trop combien l'armée française laisse à désirer au point de vue religieux. Puisse le gouvernement, que Dieu réserve à la France, comprendre un peu mieux que ses devanciers les vrais intérêts de ses soldats et du pays !

En dehors de l'administration ordinaire du sacrement de pénitence et d'eucharistie, nous avons conféré le baptême à l'un de nos prisonniers originaire de l'île de la Réunion ; une cinquantaine ont fait leur première communion, et cent cinquante ont reçu le sacrement de confirmation de la main de Mgr Ketteler évêque de Mayence.

Cette dernière cérémonie surtout fut très-solennelle et très-touchante. Elle eut lieu à la cathédrale le lundi de la Pentecôte. Environ un millier d'enfants des diverses paroisses de la ville vinrent les premiers se prosterner aux pieds du pontife, et recevoir avec l'onction sainte la force surnaturelle nécessaire pour rester fidèles à leur foi de chrétien. Quand le tour arriva aux soldats français, un chœur nombreux, composé exclusivement de leurs camarades prisonniers, exécuta en parties le chant du *Veni Creator Spiritus.* — Un banquet, auquel prirent part plusieurs notabilités de la ville, fut offert aux nouveaux confirmés et termina cette belle fête de famille.

## IV

## Maladies et décès.

Nous n'étonnerons personne en disant que les prisonniers internés à Mayence ont été, eux aussi, visités par toutes sortes de maladies épidémiques, comme petite vérole, typhus, dyssenterie, fluxion de poitrine et phthisie, et que la mortalité s'élevait parfois à des proportions sérieuses. Les privations de tout genre que les soldats avaient subies en campagne et auxquelles ils continuaient à être sujets durant leur captivité, en fournissent une explication plus que suffisante. Les hôpitaux de la ville regorgeaient, et les convois de prisonniers continuaient à arriver avec de nombreux malades. Force fut d'improviser des infirmeries dans le camp. Inutile d'ajouter qu'en pareilles conjonctures bien des choses devaient faire défaut. Les médecins ne pouvaient suffire à la besogne, pas plus que les infirmiers, qui, par surcroît, n'entendaient point le français. Les aumôniers cherchèrent de leur mieux à suppléer à tout cela ; ils firent des démarches pour obtenir des sœurs de Charité, dont nos soldats sentaient si vivement l'absence ; mais leur demande resta sans résultat. Plus tard cependant, on consentit à adjoindre des infirmiers français aux allemands, ce qui, avec d'autres améliorations de détail, rendit le service des malades plus satisfaisant. Des soins spéciaux étaient donnés aux convalescents, afin d'éviter des rechutes plus dangereuses que les premières maladies. Grâce à la générosité des bienfaiteurs, on put leur faire parvenir de bons vêtements, des vins de Bordeaux, etc., et leur distribuer de petites sommes d'argent pour leurs menues dépenses.

Voici maintenant le relevé statistique des malades et des décès, pendant les onze mois que Mayence eut des prisonniers :

| MOIS. | NOMBRE DE MALADES. | DÉCÈS. |
|---|---|---|
| Août . . . . . . . . . . . . . . . . . | 40 | 4 |
| Septembre. . . . . . . . . . . . | 120 | 8 |
| Octobre . . . . . . . . . . . . . . | 350 | 58 |
| Novembre . . . . . . . . . . . . . | 600 | 96 |
| Décembre . . . . . . . . . . . . . | 1200 | 252 |
| Janvier . . . . . . . . . . . . . . | 1250 | 263 |
| Février . . . . . . . . . . . . . . | 600 | 85 |
| Mars . . . . . . . . . . . . . . . . | 300 | 75 |
| Avril. . . . . . . . . . . . . . . . . | 500 | 52 |
| Mai . . . . . . . . . . . . . . . . . | 460 | 52 |
| Juin . . . . . . . . . . . . . . . . . | 400 | 33 |

Nos chers défunts étaient conduits à leur dernière demeure avec tous les honneurs voulus. Un prêtre présidait aux funérailles et bénissait les tombes. De plus, vingt-cinq hommes de l'armée allemande accompagnaient chaque convoi, et rendaient par une triple salve un hommage mérité à la valeur de nos soldats. Un monument funèbre s'élève en ce moment au lieu même où reposent leurs corps. Il est en style gothique, d'après un dessin de M. Mairet, architecte à Dijon; les officiers français en ont voulu faire les frais. Ces derniers, avant de regagner leur patrie, ont en outre fait célébrer avec solennité un service funèbre à la cathédrale pour tous les prisonniers morts à Mayence. Disons enfin, à la consolation des familles intéressées, qu'un anniversaire a été fondé dans la même intention. Il aura lieu chaque année, dans l'église de Saint-Etienne, le premier lundi du mois de septembre.

# APPENDICE

**Prisonniers de Darmstadt, Worms, Giessen et Friedberg.**

A ce qui précède nous ajouterons un mot, en forme d'appendice, sur les six ou sept mille prisonniers de guerre répartis entre les villes de Darmstadt, Worms, Giessen et Friedberg.

Ces quatre villes dépendent ecclésiastiquement de l'autorité de Mgr l'évêque de Mayence. Sa Grandeur ne pouvait, dans sa sollicitude pastorale, oublier les soldats français que le gouvernement y avait internés. Elle nous invita à nous transporter de temps en temps au milieu d'eux, et à leur offrir les secours de notre ministère ; ce que nous fîmes avec bonheur, surtout pendant les mois où nos prisonniers de Mayence étaient moins nombreux.

Matériellement, leur situation laissait moins à désirer. Leur petit nombre permettait de les loger en grande partie dans les casernes ; ils étaient soumis à moins de corvées, et comme le gouvernement semblait plus rassuré à leur endroit, la discipline était plus indulgente.

Les malades aussi recevaient des soins plus assidus. A Darmstadt on avait obtenu de faire venir des sœurs de Charité. On conçoit que dès lors la mort dut faire proportionnellement moins de victimes ; mais il nous serait impossible de donner la dessus une statistique exacte.

N. B. Pour les renseignements plus amples sur les prisonniers de Mayence, on peut nous écrire rue Lhomond, 30, à Paris, où se trouve la maison-mère de notre institut.

# LISTE

DES

# PRISONNIERS DE GUERRE FRANÇAIS MORTS A MAYENCE

EXTRAITE DES REGISTRES OFFICIELS.

| NOMS, PRÉNOMS ET AGE | LIEU DE NAISSANCE | RÉGIMENT ET GRADE | MALADIE ET BLESSURE | ENTRÉE A L'HOPITAL | DÉCÈS |
|---|---|---|---|---|---|
| BÉLINE (Louis. | — | — | — | — | 18 août. |
| GEORY (Henri), 18 ans, | Poitiers (Vienne), | Zouave. | Blessure au bas-ventre. | 16 août. | 29 août. |
| PALGER (Emile), | — | 73e de ligne. | — | — | 30 août. |
| ROGER (Alphonse Jean-Baptiste, 43 ans, | Paris, 8e arrondissement, | Capitaine au 21e de ligne. | Blessure au genou gauche. | 10 août. | 29 août. |
| DUVAUX (Jean), 26 ans, | Saint-Germain-du-Plain (Saône-et-Loire), | 19e bataillon de Chass. à pied. | Pneumonie. | 16 sept. | 24 sept. |
| LEROY (Louis), | — | 73e de ligne. | — | — | 25 sept. |
| LESCONT (Philémon), 26 ans, | Saint-Astier (Lot-et-Garonne), | 20e bataillon de Chass. à pied. | Bless. au pied gauche et dyssent. | 8 sept. | 23 sept. |
| EBARD (Jules), 26 ans, | (Eure), | 1er de Marine. | Dyssenterie. | 15 sept. | 23 sept. |
| BAUDEVILLE (Ernest-Victor), 23 ans, | (Seine-et-Marne), | 1e Cuirassiers. | Typhus. | 23 sept. | 25 sept. |
| MASSON (Pierre), 26 ans, | Villefontaine (Isère), | 47e de ligne. | Typhus. | 24 sept. | 26 sept. |
| MARET (Alexandre), 31 ans, | Romagneu (Isère), | 10e d'Artillerie. | Dyssenterie. | 15 sept. | 28 sept. |
| JEROME (Jacques), 25 ans, | — | 21e de ligne. | Dyssenterie. | 20 sept. | 30 sept. |
| DELAHAIE (Adolphe), 22 ans, | Clainchamps (Calvados), | 9e section d'ouvriers. | Dyssenterie. | 15 sept. | 1er oct. |
| TOURNELIZE (Antoine), 27 ans, | — | 11e section d'ouvriers. | Dyssenterie. | 18 sept. | 1er oct. |
| DUPUY (Jean), 22 ans, | — | 19e de ligne. | Dyssenterie. | 26 sept. | 1er oct. |
| LEGENTIL (Léandre), 23 ans, | — | 1er de Marine. | Typhus. | 28 sept. | 2 oct. |
| MOSER (Jules), 27 ans, | Munster (Haut-Rhin), | 93e de ligne. | Typhus. | 26 sept. | 3 oct. |
| FAIVRE (Auguste), 21 ans. | (Jura), | 1er de Marine. | Typhus. | 29 sept. | 3 oct. |
| MARQUET (Jean), 25 ans, | La Fayette (Puy-de-Dôme), | 72e de ligne. | Typhus. | 29 sept. | 3 oct. |
| STURM (Baptiste), 26 ans, | Fénétrange (Meurthe), | 4e Lanciers. | Typhus. | 15 sept. | 3 oct. |
| TROMPEAU (Jean), 22 ans, | — | 88e de ligne. | Dyssenterie. | 24 sept. | 4 oct. |
| METZ (Jean-Baptiste), 22 ans, | (Bas-Rhin), | 1er de Marine. | Typhus. | 15 sept. | 4 oct. |
| LESAGE (Jean), 24 ans, | — | 21e de ligne. | Dyssenterie. | 17 sept. | 5 oct. |
| MORSIER (François), 27 ans, | — | 21e de ligné. | Dyssenterie. | 27 sept. | 5 oct. |
| PINNOT (Sylvain), 27 ans, | (Creuse), | 17e de ligne. | Dyssenterie. | 19 sept. | 6 oct. |
| BERGERY (Théodore), 24 ans, | Malicorne (Yonne), | 1er de Marine. | Fièvre. | 30 sept. | 6 oct. |

| NOMS, PRÉNOMS ET AGE | LIEU DE NAISSANCE | RÉGIMENT ET GRADE | MALADIE ET BLESSURE | ENTRÉE A L'HOPITAL | DÉCÈS |
|---|---|---|---|---|---|
| ROUSSIA (Pierre), 22 ans, | — | 7e de Marine. | Dyssenterie. | 25 sept. | 6 oct. |
| GUILLORET (Jean), 22 ans, | (Meuse), | 1er de Marine. | Typhus. | 28 sept. | 7 oct. |
| DOMBRAT (Joseph-Aug.) 28 ans, | Lunéville (Meurthe), | 8e d'Artillerie. | Typhus. | 19 sept. | 7 oct. |
| FICHER (Michel), 22 ans, | Leitersviller (Bas-Rhin), | 1er de Marine. | Typhus. | 15 sept. | 9 oct. |
| VILLASEQUE (Joseph), 26 ans, | (Pyrénées-Orientales), | 88e de ligne. | Typhus. | 29 sept. | 9 oct. |
| GROS (Auguste), 27 ans, | Saint-Amand | 1er d'Artillerie (train). | Typhus. | 5 oct. | 9 oct. |
| BOTHIOT (Gaspard), 26 ans, | (Haut-Rhin), | 1er de Marine. | Typhus. | 2 oct. | 9 oct. |
| BAUT (Bernard), 22 ans, | (Hautes-Pyrénées), | 2e régiment du Génie. | Typhus. | 15 sept. | 8 oct. |
| COMME, 27 ans, | (Saône-et-Loire), | 18e de ligne. | Typhus. | 27 sept. | 8 oct. |
| STOLL (Antoine), 21 ans, | Kaisersberg (Haut-Rhin), | 2e régiment de Zouaves. | Dyssenterie. | 2 oct. | 9 oct. |
| GILLETTE (Joseph), 29 ans, | — | 3e infanterie de Marine. | Dyssenterie. | 3 oct. | 12 oct. |
| TERVAQUE (Louis), 22 ans, | (Nord), | 1er de Marine. | Typhus. | 5 oct. | 13 oct. |
| DURANT (Auguste), 23 ans, | (Var), | 19e bataillon de Chasseurs. | Typhus. | 29 sept. | 12 oct. |
| COBIAN (Alexandre), 28 ans, | Villefranche (Aveyron), | 87e de ligne. | Petite vérole. | 6 oct. | 13 oct. |
| VINCENT (Joseph), 27 ans, | — | 19e bataillon de Chasseurs. | Typhus. | 1er oct. | 13 oct. |
| MERCIER (Pierre), | — | 47e de ligne. | — | — | 15 oct. |
| COLLARD (Eugène), 25 ans, | (Ardennes), | 20e de ligne. | Typhus. | 5 oct. | 17 oct. |
| TELLIER (François), 26 ans, | — | 21e de ligne. | Typhus. | 11 oct. | 17 oct. |
| MAILLY (Baptiste), 28 ans, | (Côte-d'Or), | 1er de Marine. | Typhus. | 9 oct. | 17 oct. |
| NOBLET (Alcide), 28 ans, | (Marne), | 1er de Marine. | Typhus. | 2 oct. | 18 oct. |
| CICE (Joseph), 27 ans, | (Mayenne), | 21e de ligne. | Typhus. | 2 oct. | 18 oct. |
| SALLE (Victor), 24 ans, | (Orne), | 1er d'Artillerie. | Typhus. | 5 oct. | 18 oct. |
| CERBELANT (Jules), 25 ans, | Paris (Seine), | 96e de ligne. | Petite vérole. | 12 oct. | 19 oct. |
| HANDOS (Auguste), 27 ans, | (Marne), | 21e de ligne. | Pneumonie. | 6 oct. | 19 oct. |
| SORET (François), 27 ans, | Valréas (Vaucluse), | 4e de Marine. | Typhus. | 2 oct. | 19 oct. |
| LEMONIER (Jean), 27 ans, | (Orne), | 1er de Marine. | Typhus. | 12 oct. | 20 oct. |
| MATHON (Joseph), | (Pas-de-Calais), | 8e d'Artillerie. | Typhus. | 8 oct. | 21 oct. |
| GIES (Jacques), 23 ans, | (Jura), | 1er de Marine. | Typhus. | 18 sept. | 21 oct. |
| Poullain (Jean-Baptiste), 22 ans, | (Pas-de-Calais), | 7e d'Artillerie. | Typhus. | 11 oct. | 22 oct. |
| GUÉRY (Joseph), 21 ans, | Donsière (Vosges), | 1er de Marine. | Dyssenterie. | 4 oct. | 22 oct. |
| FLAMMANT (Pierre), 20 ans, | (Somme), | 93e de ligne. | Petite vérole. | 7 oct. | 24 oct. |
| MATCOGNE (Michel), 28 ans, | Saint-Vincent (Loire-Inférieure), | 59e de ligne. | Petite vérole. | 16 oct. | 24 oct. |

| NOMS, PRÉNOMS ET AGE | LIEU DE NAISSANCE | RÉGIMENT ET GRADE | MALADIE ET BLESSURE | ENTRÉE A L'HOPITAL | DÉCÈS |
|---|---|---|---|---|---|
| EYMART (Prosper), 24 ans, | (Eure-et-Loir), | 1er de Marine. | Dyssenterie. | 11 oct. | 24 oct. |
| CHAUVOLOT (Charles), 26 ans, | (Yonne), | 2e de Zouaves. | Dyssenterie. | 13 oct | 24 oct. |
| MARTIN (Michel), 27 ans, | Bagelaville (Aisne), | 47e de ligne. | Typhus. | 4 oct. | 24 oct. |
| BÈY (Benoît), 21 ans, | (Creuse), | 6e de ligne. | Typhus. | 13 oct. | 25 oct. |
| BLONDIN (Antoine), 26 ans, | Voullier (Vienne), | 31e de ligne. | Typhus. | 20 oct. | 27 oct. |
| BASCHOLLES (Jules), 21 ans, | (Seine-Inférieure), | 69e de Marine. | Petite vérole. | 20 oct. | 27 oct. |
| DUCHAUD (Jean), 27 ans, | (Cher), | 2e du Génie. | Dyssenterie. | 27 sept. | 27 oct |
| BOULLET (Antoine), 27 ans, | Inchy (Nord), | 47e de ligne. | Typhus. | 3 oct. | 27 oct. |
| LALLEZE (François), | Saint-Brieuc (Côtes-du-Nord), | 87e de ligne. | Typhus. | 15 oct. | 29 oct. |
| ABERNAO (Yves), 24 ans, | (Finistère), | 48e de ligne. | Dyssenterie. | 19 oct. | 30 oct. |
| JOUBERT (Valentin), 23 ans, | (Dordogne), | 35e de ligne. | Petite vérole. | 21 oct. | 30 oct. |
| DAMVERS (Charles), 28 ans, | (Nord), | 72e de ligne. | Fièvre. | 9 oct. | 31 oct. |
| LEROY (Edouard), 28 ans, | (Nord), | 72e de ligne. | Dyssenterie. | 6 oct. | 31 oct. |
| DELAUZUN (Cyprien), 21 ans, | — | 87e de ligne. | Petite vérole. | 23 oct. | 1er nov. |
| BIDOU (Jacques), 23 ans, | (Loire-Inférieure), | 10e d'Artillerie. | Typhus. | 10 oct. | 1er nov. |
| LAIGRE (Victor), 22 ans, | (Orne), | ligne. | Typhus. | 15 oct. | 3 nov. |
| COANT (Thomas), | (Finistère), | 87e de ligne. | Typhus. | 22 oct. | 4 nov. |
| BONES (Jean), 24 ans, | (Nièvre), | 76e de ligne. | Dyssenterie. | 5 nov. | 5 nov. |
| SIMON (Thomas), 25 ans, | Saint-Florent (Cher), | 1er Lanciers. | Dyssenterie. | 26 sept. | 5 nov. |
| BERDOLAT (Jean), 22 ans, | (Loir-et-Cher), | 3e bataillon de Chasseurs. | Apoplexie. | 5 nov. | 6 nov. |
| CHAUDRON (Adolphe), 27 ans, | (Loire), | 2e Marine. | Dyssenterie. | 6 oct. | 6 nov. |
| DEVAUX (Charles), | — | — | — | — | 7 nov. |
| MAURY Louis-Gustave), 28 ans, | (Meurthe), | 84e de ligne. | Typhus. | 2 nov. | 8 nov. |
| MIENVILLE Charles-Auguste,) 38 ans, | Nancy (Meurthe), | Garde mobile. | Typhus. | 2 nov. | 8 nov. |
| LURET (Gabriel), 24 ans, | Bussière (Indre-et-Loire), | 35e de ligne. | Petite vérole. | 14 oct. | 9 nov. |
| DAROTIN (Joseph), 27 ans, | (Vosges), | Civil. | Typhus. | 5 nov. | 10 nov. |
| CISSANTIER (Jean), 27 ans, | (Haute-Loire), | 17e de ligne. | Blessure à la tête. | 10 nov. | 10 nov. |
| OUTIER (Louis), 27 ans, | (Nord), | 76e de ligne. | Dyssenterie. | 6 nov. | 11 nov. |
| GUXEY (Jean-Pierre), | — | 39e de ligne. | — | — | 11 nov. |
| BLANCHOIN (François), 26 ans, | (Mayenne), | 1er Marine. | Typhus. | 28 sept. | 11 nov. |
| POINSIGNAN (Jean), | (Moselle), | 61e de ligne. | Typhus. | 31 oct. | 11 nov. |
| BAGOT (Julien), 22 ans, | (Ille-et-Vilaine), | 49e de ligne. | Typhus. | 31 oct. | 11 nov. |
| CHAUVIN (Georges), 24 ans, | (Eure-et-Loir), | 6e de ligne. | Typhus. | 30 oct. | 13 nov. |
| LERONDEL (Louis), 21 ans. | (Calvados), | 21e de ligne. | Petite vérole. | 20 oct. | 13 nov. |

| NOMS, PRÉNOMS ET AGE | LIEU DE NAISSANCE | RÉGIMENT ET GRADE | MALADIE ET BLESSURE | ENTRÉE A L'HOPITAL | DÉCÈS |
|---|---|---|---|---|---|
| SABIOSCH (Yves), 38 ans, | — | 67e de ligne. | Typhus. | 10 nov. | 13 nov. |
| SOURIS (Baptiste-Jean), | (Dordogne). | 76e de ligne. | Typhus. | 12 nov. | 13 nov. |
| BENOTRU (Jean), 20 ans. | Chasse (Isère), | 13e d'Artillerie. | Dyssenterie. | 10 nov. | 14 nov. |
| LEGER (Jean), 29 ans, | Farges (Yonne), | 62e de ligne. | Typhus. | — | 14 nov. |
| MENAGER (Auguste), 22 ans, | (Eure-et-Loir). | 1er de Marine. | Typhus. | 29 sept. | 15 nov. |
| LEFLOQUE (Joseph), 24 ans, | (Morbihan), | Garde mobile. | Dyssenterie. | 1er nov. | 15 nov. |
| YEACK (Morand), 22 ans, | (Moselle). | 2e de Zouave. | Dyssenterie. | 11 nov. | 15 nov. |
| VEHREY (André), | Thann (Haut-Rhin). | 34e de ligne, sergent. | Dyssenterie: | 9 sept. | 16 nov. |
| CAUZARD (Alfred), 27 ans, | (Seine). | 33e de ligne. | Blessure à la jambe droite. | 2 nov. | 16 nov. |
| SAYLON (Célestin), 26 ans, | — | 76e de ligne. | Dyssenterie. | 13 nov. | 16 nov. |
| PRYER (Henri), 25 ans, | (Eure), | 24e de ligne. | Petite vérole. | 9 nov. | 16 nov. |
| EBERAHRD (Michel), 25 ans, | (Bas-Rhin), | 5e d'Artillerie. | Dyssenterie. | 6 nov. | 16 nov. |
| COAS (Martin), 27 ans, | (Finistère), | 19e bataillon de Chasseurs à pied. | Typhus. | 30 oct. | 17 nov. |
| FRIEDMANN (Auguste), | Soufflenhein (Bas-Rhin), | 73e de ligne. | Typhus. | 15 nov. | 17 nov. |
| CLADIEU (Julien), 21 ans. | Boussay (Indre-et-Loire), | Garde mobile. | Dyssenterie. | 10 nov. | 18 nov. |
| HUET (Louis), 24 ans, | (Basses-Pyrénées), | 76e de ligne. | Petite vérole. | 13 nov. | 18 nov. |
| LATAPIL (Jean), 27 ans, | Lagos (Basses-Pyrénées), | 19e bataillon de Chasseurs à pied. | Petite vérole. | 13 nov. | 18 nov. |
| ERLE (François), | Paris (Seine), | 27e de ligne. | Typhus. | 9 nov. | 18 nov. |
| BAGLIN (Louis), 27 ans, | Madré (Mayenne), | 16e d'Artillerie. | Dyssenterie. | 5 nov. | 19 nov. |
| GAULTIER (Elie), 27 ans, | (Indre), | 78e de ligne. | Typhus. | 10 nov. | 19 nov. |
| BOURGEON (Sébastien). | Béziers (Hérault), | 2e bataillon de Zouave. | Pneumonie. | 14 nov. | 19 nov. |
| BÈGHARY (Antoine). | — | 15e d'Artillerie. | Névralgie. | 8 nov. | 18 nov. |
| MASSET (Henri), 24 ans, | (Indre), | 85e de ligne, sergent. | Typhus. | 19 nov. | 20 nov. |
| MONAT (Claude), 22 ans, | Saint-Nicolas | 61e de ligne. | Petite vérole. | 16 nov. | 20 nov. |
| COMBET (Charles), 22 ans, | (Ariége), | 87e de ligne. | Petite vérole. | 4 nov. | 20 nov. |
| PAULIC (Cléophas), 25 ans, | (Somme), | 21e de ligne. | Petite vérole. | 4 nov. | 20 nov. |
| FALLET (Louis), 23 ans, | (Oise), | 15e d'Artillerie. | Petite vérole. | 16 nov. | 20 nov. |
| BICHARD (François), 27 ans. | Lyon (Rhône). | 84e de ligne. | Typhus. | 7 nov. | 20 nov. |
| BERCHAND (Philippe), | (Loire-Inférieure). | 67e de ligne. | Dyssenterie. | 16 nov. | 21 nov. |
| GERNEZE (Joseph), | (Nord), | 12e de ligne. | Dyssenterie. | 18 nov. | 21 nov. |
| AUVAIGNE (François), | (Saône-et-Loire). | 84e de ligne. | Typhus. | 11 nov. | 21 nov. |
| BAZIN (Benoît), 24 ans, | Meaux (Seine-et-Marne), | 21e de ligne. | Typhus. | 12 nov. | 21 nov. |
| BRACHEL (Charles), 22 ans, | Lunéville (Meurthe), | 84e de ligne. | Typhus. | 7 nov. | 23 nov. |
| DIDIER (Vincent), | (Côte-d'Or), | Garde mobile. | Dyssenterie. | 14 nov. | 22 nov. |
| GROSS (Joseph), 40 ans. | Saverne (Bas-Rhin), | 1er de ligne. | Dyssenterie. | 21 oct. | 22 nov. |

| NOMS, PRÉNOMS ET AGE | LIEU DE NAISSANCE | RÉGIMENT ET GRADE | MALADIE ET BLESSURE | ENTRÉE A L'HOPITAL | DÉCÈS |
|---|---|---|---|---|---|
| ODEN (Emile), 23 ans. | Gerny (Aisne), | 84e de ligne. | Typhus. | 8 nov. | 22 nov. |
| MAYER (Eugène). 25 ans, | Guémar (Haut-Rhin), | 5e d'Artillerie. | — | 8 nov. | 22 nov. |
| HENNE (Léon), 25 ans. | Colmar (Haut-Rhin), | 2e Voltigeurs de la garde. | Dyssenterie. | 9 nov. | 23 nov. |
| DELESTRE (Alexandre), 24 ans, | (Aube), | 5e d'Artillerie. | Typhus. | 13 nov. | 23 nov. |
| CHASSEREAU (Lazard). 24 ans, | (Saône-et-Loire), | 64e de ligne. | Typhus. | 16 nov. | 23 nov. |
| NEVEU (Baptiste), 25 ans, | (Seine-Inférieure). | 24e de ligne. | Typhus. | 26 oct. | 24 nov. |
| MERLET (Jean), 24 ans, | (Loire-Inférieure), | 88e de ligne. | Dyssenterie. | 26 oct. | 24 nov. |
| BELASKY (Louis). 18 ans, | (Moselle), | 95e de ligne. | Petite vérole. | 10 nov. | 24 nov. |
| SIMON (Jean), 23 ans, | Sainte-Marie-aux-Mines (Haut-Rhin), | 51e de ligne. | Typhus. | 4 nov. | 24 nov. |
| FAUVEL (Léon), 27 ans, | (Haut-Rhin), | Gendarme. | Dyssenterie. | 10 nov. | 24 nov. |
| TRIBOUILLARD (Em.), 24 ans, | (Seine-Inférieure), | 24e de ligne. | Typhus. | 7 nov. | 24 nov. |
| BONRENARD (Désiré), | (Havre), | 15e d'Artillerie. | Typhus. | 21 nov. | 24 nov. |
| SERAZIN (Etienne), 24 ans, | (Manche), (Morbihan), | Garde mobile. | Typhus. | 7 nov. | 24 nov. |
| NICOLAI (Jean), | (Moselle), | 63e de ligne. | Petite vérole. | 21 nov. | 24 nov. |
| ROLE (François). 26 ans. | (Côtes-du-Nord), | 30e de ligne. | Typhus. | 11 nov. | 25 nov. |
| RIGERT (Auguste), 22 ans, | Obernay (Bas-Rhin), | 18e de ligne. | Typhus, | 23 nov. | 26 nov. |
| MUTZIG (Frédéric), 25 ans, | (Bas-Rhin), | 15e d'Artillerie. | Typhus. | 17 nov. | 25 nov. |
| ROUSSEL (Jean-Roger), 24 ans. | (Ardèche), | 66e de ligne. | Typhus. | 23 nov. | 26 nov. |
| OUDES (Jean-Marie), 23 ans, | (Mayenne). | 21e de ligne. | Typhus. | 22 nov. | 26 nov. |
| GESBER (Eugène), | (Mayenne), | 19e de ligne. | Dyssenterie. | 21 nov. | 26 nov. |
| DELAUNAY (Eugène), | (Calvados), | 59e de ligne. | Petite vérole. | 22 nov. | 26 nov. |
| VIGNEAT (Joseph), 21 ans. | (Charente-Inférieure). | Garde mobile. | Petite vérole. | 12 nov. | 27 nov. |
| FERMIER (Charles), 18 ans, | Auxerre (Yonne), | 59e de ligne, caporal. | Typhus. | 20 nov. | 27 nov. |
| HAVEL (Adolphe), 22 ans. | (Sarthe), | 65e de ligne. | Typhus. | 24 nov. | 27 nov. |
| CHEVALIER (Clément-Alphonse), | (Sarthe), | Garde mobile. | Typhus. | 19 nov. | 28 nov. |
| BOUTHANY (François). | — | 5e bataillon de Chasseurs à pied. | Typhus. | 17 nov. | 28 nov. |
| RAINAUD (Jean), | (Côte-d'Or), | Garde mobile. | Erysipèle. | 24 nov. | 28 nov. |
| VEROY (Jean), | — | Garde. | Typhus. | 28 nov. | 28 nov. |
| THELADEUX (Pierre), 24 ans, | (Nord), | 51e de ligne. | Petite vérole. | 25 nov. | 27 nov. |
| CREMY (Jean), 23 ans, | (Sarthe), | 62e de ligne. | Petite vérole. | 23 nov. | 29 nov. |
| HOUSELOT (Charles), 19 ans, | Paris (Seine), | 3e de Zouaves. | Hydropisie. | 15 nov. | 29 nov. |
| THIEREAU (Théodore), 24 ans, | (Sarthe), | 15e d'Artillerie. | Typhus. | 11 nov. | 29 nov. |
| THIERRY (Claude), 39 ans, | (Côtes-d'Or), | Garde mobile. | Petite vérole. | 27 nov. | 29 nov. |
| GERARD (Célestin), | Autricourt (Meuse), | 51e de ligne. | Typhus. | 20 nov. | 29 nov. |

| NOMS, PRÉNOMS ET AGE | LIEU DE NAISSANCE | RÉGIMENT ET GRADE | MALADIE ET BLESSURE | ENTRÉE A L'HOPITAL | DÉCÈS |
|---|---|---|---|---|---|
| ROGER (Emile),<br>24 ans, | (Seine), | 20$^{e}$ de ligne. | Dyssenterie. | 6 oct. | 29 nov. |
| GUERIN (Armand), | Saint-Martin | 24$^{e}$ de ligne. | Typhus. | 18 nov. | 30 nov. |
| LASSERE (Pierre),<br>24 ans. | (Dordogne), | 2$^{e}$ de ligne. | Petite vérole. | 22 nov. | 30 nov. |
| DUFOUR (Pierre), | Beaulieu<br>(Deux-Sèvres), | 76$^{e}$ de ligne. | — | — | 29 nov. |
| ANCEL (Antoine),<br>35 ans, | (Bas-Rhin), | 84$^{e}$ de ligne. | Typhus. | 22 nov. | 30 nov. |
| RICHARD (Jean), | — | 3$^{e}$ de ligne. | Pneumonie. | 25 nov. | 30 nov. |
| URLACHER (Jean),<br>21 ans, | (Bas-Rhin), | 63$^{e}$ de ligne. | Petite vérole. | 23 nov. | 1$^{er}$ déc. |
| FLEURY (Denis), | (Manche), | 96$^{e}$ de ligne. | Dyssenterie. | 16 nov. | 1$^{er}$ déc. |
| SUTTER (Jacques),<br>34 ans, | Runtzenhein<br>(Bas-Rhin), | 3$^{e}$ Grenadiers<br>de la garde. | Typhus. | 23 nov. | 1$^{er}$ déc. |
| POTIENNEAU (Jean),<br>22 ans, | (Loire), | 3$^{e}$ de ligne. | Fièvre escarlatine. | 28 nov. | 1$^{er}$ déc. |
| BRENNER (Alexis),<br>21 ans, | Strasbourg<br>(Bas-Rhin), | 96$^{e}$ de ligne. | Typhus. | 12 nov. | 1$^{er}$ déc. |
| GRESCENT (J-Baptiste),<br>31 ans, | (Isère), | 54$^{e}$ de ligne. | Typhus. | 26 nov. | 1$^{er}$ déc. |
| DÉVOST (Henri), | (Nord), | 16$^{e}$ d'Artillerie. | Petite vérole. | 19 nov. | 1$^{er}$ déc. |
| THOMAS (Etienne),<br>27 ans, | Versailles<br>(Seine-et-Oise), | 72$^{e}$ de ligne. | Typhus. | 13 nov. | 1$^{er}$ déc. |
| MANGIN (Joseph), | (Seine), | 8$^{e}$ d'Artillerie. | Petite vérole. | 29 nov. | 1$^{er}$ déc. |
| LAMBERT,<br>29 ans, | (Hérault), | 1$^{er}$ Marine. | Pneumonie. | 16 nov. | 1$^{er}$ déc. |
| CAPEL (Antoine), | (Hérault), | 16$^{e}$ d'Artillerie. | Dyssenterie. | 28 nov. | 1$^{er}$ déc. |
| SABRIER (Antoine),<br>32 ans, | (Côte-d'Or), | 3$^{e}$ Génie. | Typhus. | 16 nov. | 1$^{er}$ déc. |
| PRIÉ (Hipolyte), | (Deux-Sèvres), | 3$^{e}$ Génie. | Pneumonie. | -- | 2 déc. |
| LIJEOIS (Adolphe), | — | 27$^{e}$ de ligne. | Typhus. | — | 2 déc. |
| NOTIN (René),<br>22 ans, | (Loire), | 24$^{e}$ de ligne. | Dyssenterie. | 25 nov. | 2 déc. |
| ABDALLAH (Ben-Hamed), | Oran<br>(Afrique), | 4$^{e}$ Turcos. | Blessure. | 29 nov. | 2 déc. |
| BILLIAND (Etienne),<br>24 ans, | (Lot), | 76$^{e}$ de ligne. | Typhus. | 27 nov. | 3 déc. |
| LOREUX (Jean-Marie), | (Haute-Vienne), | 67$^{e}$ de ligne.<br>(Caporal). | — | 28 nov. | 3 déc. |
| JOURD'HUI (Alexis), | — | 20$^{e}$ bataillon de<br>Chasseurs. | Typhus. | 27 nov. | 3 dec. |
| LAUTRAN (Louis),<br>22 ans, | Lorient<br>(Morbihan), | 59$^{e}$ de ligne. | Petite vérole. | 28 nov. | 3 dec. |
| LEMIÈRE (César),<br>23 ans. | (Aisne), | 68$^{e}$ de ligne. | Blessure. | 14 sept. | 3 déc. |
| MAIRE (Prospère), | — | 15$^{e}$ d'Artillerie. | Typhus. | — | 3 déc. |
| COMPAGNON (Joseph),<br>29 ans, | Saint-Julien<br>(Vienne), | 75$^{e}$ de ligne. | Typhus. | 28 nov. | 3 déc. |
| LERVUSEAUX (Charles),<br>25 ans, | Schaeffersheim<br>(Bas-Rhin), | 9$^{e}$ de ligne. | Dyssenterie. | 22 nov. | 3 déc. |
| ETRANGER (Jacques), | — | 84$^{e}$ de ligne. | Petite vérole. | 28 nov. | 3 déc. |
| FARIN (Félix), | — | 26$^{e}$ de ligne. | Dyssenterie. | 29 nov. | 3 déc. |
| HUSSON (François),<br>24 ans, | (Nièvre), | 90$^{e}$ de ligne. | Typhus. | 25 nov. | 3 déc. |
| BLAISE (André), | (Creuse), | 47$^{e}$ de ligne. | Typhus. | 20 nov. | 3 déc. |
| JOMAN (Clément),<br>23 ans, | (Nord), | 61$^{e}$ de ligne. | Petite vérole. | 21 nov. | 3 déc. |
| LAVENAL (François), | — | 3$^{e}$ Compagnie<br>d'Artificiers. | Phthisie. | 20 nov. | 4 déc. |
| LEROUX (Louis), | — | Zouave de la<br>garde. | Dyssenterie. | — | 4 déc. |

| NOMS, PRÉNOMS ET AGE | LIEU DE NAISSANCE | RÉGIMENT ET GRADE | MALADIE ET BLESSURE | ENTRÉE A L'HOPITAL | DÉCÈS |
|---|---|---|---|---|---|
| FRAIGNEAU (Edmond), 26 ans, | (Gironde), | 81e de ligne. | Typhus. | 5 nov. | 4 déc. |
| JEANNIN (Denis), 21 ans, | (Côte-d'Or), | Garde mobile. | Petite vérole. | 27 nov. | 4 déc. |
| RAYNAL (Augustin), 22 ans, | (Lot), | 3e Voltigeur. | Dyssenterie. | 19 nov. | 4 déc. |
| DURSEN (Jules), 23 ans, | (Nord), | 2e de ligne. | Dyssenterie. | 18 nov. | 4 déc. |
| CHRISTE (Jean), 22 ans, | (Vosges), | 84e de ligne. | Typhus. | 21 nov. | 4 déc. |
| SCHWARTZ (Pierre), 26 ans, | (Bas-Rhin), | 84e de ligne. | Typhus. | 29 nov. | 4 déc. |
| ARVISET (Christophe), 22 ans, | (Corse), | 3e bataillon de Chasseurs. | Dyssenterie. | 1er déc. | 4 déc. |
| MORANDEL (Georges), | (Vosges), | Civil. | Typhus. | 26 nov. | 5 déc. |
| GERBOCK (Joseph), 21 ans, | (Isère), | 61e de ligne. | Petite vérole. | 30 nov. | 5 déc. |
| AGOGUET (Isidore), 22 ans, | (Cher), | 11e bataillon de Chasseurs. | Typhus. | 27 nov. | 5 déc. |
| JENA (Michel), | — | 2e de ligne. | Typhus. | 28 nov. | 5 déc. |
| JOURNEAUX (Edouard), 22 ans, | (Mayenne), | 63e de ligne. | Petite vérole. | 2 déc. | 5 déc. |
| ERINGUE (Joseph), 33 ans, | (Gers), | Garde mobile. | Typhus. | 5 déc. | 5 déc. |
| MATHIEU (Philippe), | (Nord), | 5e d'Artillerie. | Dyssenterie. | 13 oct. | 5 déc. |
| GUEROU (Sylvain), 22 ans, | (Loir-et-Cher), | 7e bataillon de Chasseurs. | Typhus. | 3 déc. | 6 déc. |
| LEBRAIS (Jean), 25 ans, | Saint-Paul (Drôme), | 67e de ligne. | Typhus. | 11 nov. | 5 déc. |
| BONHOMME (Basile), 22 ans, | (Ardennes), | 69e de ligne. | Typhus. | 3 déc. | 6 déc. |
| BULIEUX (Frédéric), | — | 84e de ligne. | Typhus. | 28 nov. | 6 déc. |
| PINEAU (Israël), | (Maine-et-Loire), | 15e de ligne. | Dyssenterie. | 12 nov. | 6 déc. |
| RIDER (Achille), | (Nord), | 15e d'Artillerie. | Typhus. | 21 nov. | 6 déc. |
| CABUAT (François), 27 ans, | (Savoie), | Zouave de la garde. | Typhus. | 25 nov. | 6 déc. |
| DERLY (Auguste), 23 ans, | (Somme), | 3e Génie. | Typhus. | 28 nov. | 6 déc. |
| SALIN (Edouard), 26 ans, | Beauvais (Oise), | 5e d'Artillerie. | Pneumonie. | 4 déc. | 6 déc. |
| PICARD (Baptiste), 23 ans, | (Corrèze), | 71e de ligne. | Dyssenterie. | 25 nov. | 6 déc. |
| SCHLERGEN (Louis), 23 ans, | (Drôme), | 15e d'Artillerie. | Dyssenterie. | 14 nov. | 7 déc. |
| GEBIS (Victor), 20 ans, | (Drôme), | 3e Génie. | Dyssenterie. | 10 nov. | 6 déc. |
| LAMBOLEY (Auguste), | (Haute-Saône), | 15e d'Artillerie. | Typhus. | 23 nov. | 7 déc. |
| GOMETZ (Jean-Baptiste), | Mont-de-Marsan (Landes), | 2e Zouaves. | Dyssenterie. | 10 nov. | 7 déc. |
| BENET (Joseph), | — | 4e de ligne. | Typhus. | — | 7 déc. |
| MERCIER (François), 20 ans, | (Loiret), | 21e de ligne. | Typhus. | 27 nov. | 7 déc. |
| LIMONEUX (Auguste), 26 ans, | (Indre), | 54e de ligne. | Petite vérole. | 5 déc. | 7 déc. |
| DOT (Baptiste), 30 ans, | Sen (Landes), | 2e Voltigeurs. | Petite vérole. | 1er déc. | 7 déc. |
| MICHESNOT (Pierre), | — | 76e de ligne. | Typhus. | — | 7 déc. |
| POMMIER (Jean), | — | 80e de ligne. | — | — | 7 déc. |
| BOMIEUX (Charles), | — | 59e de ligne. | Petite vérole. | 5 déc. | 8 déc. |
| MARGIS (Jean), | (Lot), | 3e Génie. | Typhus. | 25 nov. | 7 déc. |
| PUILLARD (Antoine), | — | 95e de ligne. | Typhus. | 30 nov. | 8 déc. |
| MUCHAUD (Ferdinand), | — | 1er Hussards. | Blessure. | 17 sept. | 8 déc. |
| ETIENNE (Charles), | Jussey (Haute-Saône), | 24e de ligne. | Petite vérole. | 29 nov. | 8 déc. |

| NOMS, PRÉNOMS ET AGE | LIEU DE NAISSANCE | RÉGIMENT ET GRADE | MALADIE ET BLESSURE | ENTRÉE A L'HOPITAL | DÉCÈS |
|---|---|---|---|---|---|
| DEVAUX (Pierre), | Paris (Seine), | 57e de ligne. | Typhus. | 1er déc. | 8 déc. |
| DE LECOURT (Baptiste), | — | Zouave de la garde. | Typhus. | 29 nov. | 8 déc. |
| MONSION (Jean-Pierre), | (Moselle), | 24e de ligne. | Typhus. | 3 déc. | 8 déc. |
| THOMASSIN (Léon), 24 ans, | Nancy (Meurthe), | 13e d'Artillerie. | Typhus. | 29 nov. | 6 déc. |
| MASSÉ (Sylvestre), | (Indre), | 43e de ligne. | Typhus. | 19 nov. | 9 déc. |
| RIGOULOT (Pierre), 26 ans, | (Loire), | 13e de ligne. | Typhus. | 29 nov. | 9 déc. |
| REMY (Louis), 21 ans, | (Moselle), | 67e de ligne. | Typhus. | 7 déc. | 9 déc. |
| MESSIER (Léopold), 27 ans, | (Eure), | 76e de ligne. | Typhus. | 17 nov. | 9 déc. |
| GUERSINS (Pierre), | — | 24e de ligne. | Typhus. | 8 nov. | 10 déc. |
| THOUIN (Honoré), 29 ans, | (Ille-et-Vilaine), | 18e de ligne. | Phtisie. | 17 oct. | 10 déc. |
| BALLERIEAUX (Jean), 28 ans, | (Loire), | Garde mobile. | Typhus. | 5 déc. | 10 déc. |
| RÉBULET (Henri), | Nantes (Loire-Inférieure), | 1er Dragon. | Typhus. | 8 déc. | 10 déc. |
| BRUNS (Etienne), | (Gard), | 67e de ligne. | Typhus. | 3 nov. | 10 déc. |
| LOZÈS (Michel), | — | 28e de ligne. | Dyssenterie. | 19 nov. | 10 déc. |
| EGROT (Louis), | — | 57e de ligne. | Typhus. | 20 oct. | 10 déc. |
| SCRIPP (Pierre), 22 ans, | (Ardennes), | Zouave de la garde. | Typhus. | 24 nov. | 10 déc. |
| LAVROT (Louis), 22 ans, | (Côtes-d'or), | Garde mobile. | Petite vérole. | 28 nov. | 11 déc. |
| DUBOIS (Marie), 26 ans, | (Lozère), | 2e de Marine. | Typhus. | 3 déc. | 12 déc. |
| BOUGRON (Jean), 27 ans, | (Dordogne), | 66e de ligne. | Typhus. | 11 déc. | 12 déc. |
| ARNAUD (Etienne), 21 ans, | (Gard), | 67e de ligne. | Typhus. | 7 déc. | 12 déc. |
| BOUCHÉS (Auguste), 33 ans, | (Eure), | 1er d'Artillerie. | Petite vérole. | 5 déc. | 12 déc. |
| CHARRET (Claude), 26 ans, | (Rhône), | 4e de Marine. | Dyssenterie. | 25 sept. | 12 déc. |
| GINDRE (Clément), 23 ans, | (Jura), | 84e de ligne. | Typhus. | 8 déc. | 12 déc. |
| SALLABERY (Arnaud), 23 ans, | (Basses-Pyrénées), | 13e d'Artillerie. | Typhus. | 8 déc. | 12 déc. |
| MARIN (Pierre), | (Saône-et-Loire), | 18e de ligne. | Bronchite. | 17 nov. | 11 déc. |
| GUÉRIN (Albert), | — | 3e Voltigeurs de la garde. | Typhus. | 12 déc. | 12 déc. |
| CHAVART (Arsène), | (Yonne), | 2e Voltigeurs de la garde. | Typhus. | 20 nov. | 12 déc. |
| BOUVABEL (Auguste), 27 ans, | (Ariége), | 66e de ligne. | Pneumonie. | 1er déc. | 12 déc. |
| ALAIS (Louis), 27 ans, | (Loire), | 18e de ligne. | Typhus. | 29 nov. | 12 déc. |
| LETARDIN (Simon), 27 ans, | (Finistère), | 25e de ligne. | Dyssenterie. | 21 nov. | 13 déc. |
| LEROUX (Charles), 27 ans, | (Pas-de-Calais), | 5e d'Artillerie. | Dyssenterie. | 5 déc. | 13 déc. |
| PRUDHOMME (Armand) 27 ans, | (Orne), | 76e de ligne. | Typhus. | 11 déc. | 13 déc. |
| THIERY (Charles), 22 ans, | (Ille-et-Vilaine), | 45e de ligne. | Petite vérole. | 3 déc. | 13 déc. |
| PHILIPPEN, 23 ans, | (Creuse), | 19e de ligne. | Dyssenterie. | 16 nov. | 13 déc. |
| CHORIN, | (Côtes-du-Nord), | 65e de ligne. | Petite vérole. | 10 déc. | 14 déc. |
| LIOBON (Bernard), 22 ans, | (Gironde), | 67e de ligne. | Typhus. | 3 déc. | 14 déc. |

| NOMS, PRÉNOMS ET AGE | LIEU DE NAISSANCE | RÉGIMENT ET GRADE | MALADIE ET BLESSURE | ENTRÉE A L'HOPITAL | DÉCÈS |
|---|---|---|---|---|---|
| FOURNIER (J.-B.), 23 ans, | (Nord), | 5e d'Artillerie. | Typhus. | 4 déc. | 14 déc. |
| BELLIÈRE (Joseph), 22 ans, | (Tarn). | 67e de ligne. | Typhus. | 5 déc. | 13 déc. |
| DARNAY (Félix), 24 ans, | — | 15e d'Artillerie. | Typhus. | 4 déc. | 13 déc. |
| GALI (Florent), | — | 84e de ligne. | Pneumonie. | 20 nov. | 13 déc. |
| CHANTIER (François), | — | 2e Voltigeurs de la garde. | Typhus. | — | 14 déc. |
| GUAIRY (Louis), 28 ans, | (Orne), | 76e de ligne. | Pneumonie. | 10 déc. | 14 déc. |
| VALETTE (Louis), | (Dordogne), | 81e de ligne. | Typhus. | 16 nov. | 14 déc. |
| FRANÇON (Pierre), | Saint-Étienne (Loiret), | Garde mobile. | Petite vérole. | 10 déc. | 14 déc. |
| SCHWARTZENTRUBER (Jean), 24 ans, | Saint-Ulrich (Haut-Rhin), | 60e de ligne. | Petite vérole. | 3 déc. | 14 déc. |
| MOLLIN (Jules-Henri), 24 ans, | (Somme), | 76e de ligne. | Typhus. | 26 nov. | 14 déc. |
| CORNILLE (Augustin), 21 ans, | (Nord), | 84e de ligne. | Typhus. | 1er déc. | 15 déc. |
| AZÉLARD (Alfred), 25 ans, | (Pas-de-Calais), | 7e Hussards. | Typhus. | — | 15 déc. |
| VALOGNE (Célestin), 31 ans, | (Manche), | 44e de ligne. | Petite vérole. | 14 déc. | 15 déc. |
| LENORMAND (Henri), 24 ans, | (Eure), | 2e Zouaves. | Pneumonie. | 9 déc. | 15 déc. |
| BOUVET (Joseph), | (Alpes-Maritimes), | 3e Zouaves. | Typhus. | 11 déc. | 15 déc. |
| DOUCINE (Jean), | (Hautes-Pyrénées), | 2e du Génie. | Petite vérole. | 13 déc. | 16 déc. |
| VITTASSE (Henri), | (Ain), | 17e d'Artillerie. | Petite vérole. | 10 déc. | 16 déc. |
| BALMER (Philippe), | — | 24e de ligne. | Dyssenterie. | 11 nov. | 16 déc. |
| BOISSIÈRE (Emile), 31 ans, | Plombières (Côte-d'Or), | Garde mobile. | Petite vérole. | 10 déc. | 16 déc. |
| PETIT (André), | (Indre-et-Loire), | Zouave de la garde. | Pneumonie. | 16 déc. | 16 déc. |
| BEDEFORD (J. P.), 25 ans, | — | 3e Voltigeurs. | Typhus. | 16 nov. | 16 déc. |
| MESLE (Émile), | Paris (Seine), | 30e de ligne. | Phthisie. | 10 déc. | 16 déc. |
| GUILLOUX (Louis), | (Morbihan), | 24e de ligne. | Pneumonie. | 8 déc. | 16 déc. |
| LEGENDRE (Justin), 21 ans, | (Loire), | 84e de ligne. | Typhus. | 2 déc. | 16 déc. |
| DUPRÉ (Léon), 24 ans, | (Sarthe), | 59e de ligne. | Petite vérole. | 12 déc. | 16 déc. |
| GAUDEAU (Alfred), 22 ans, | — | 1er d'Artillerie. | Petite vérole. | 15 déc. | 16 déc. |
| DELAUZANE (J.-B.), 23 ans, | — | 93e de ligne. | Petite vérole. | 4 déc. | 17 déc. |
| BROSCH (Joseph), 23 ans, | (Pyrénées-Orientales), | 2e de ligne. | Pneumonie. | 11 déc. | 17 déc. |
| SILVERT (Pierre), 32 ans, | (Charente-Inférieure), | 50e de ligne. | Petite vérole. | 13 déc. | 17 déc. |
| BOSSON (Jean), 22 ans, | (Savoie), | 47e de ligne. | Névralgie. | 13 déc. | 17 déc. |
| FAVRE (Jean), | (Var), | 72e de ligne. | Petite vérole. | 11 déc. | 18 déc. |
| CODEU (Jean), 28 ans, | — | 49e de ligne. | Typhus. | 15 déc. | 17 déc. |
| FOUQUET (Isidore), 28 ans, | (Seine-et-Oise), | 1er de Marine. | Typhus. | 2 déc. | 17 déc. |
| SIMONET (François), | — | 69e de ligne. | — | 17 déc. | 18 déc. |
| FURET (Alphonse), 28 ans, | (Eure-et-Loir), | 24e de ligne. | Typhus. | 8 déc. | 18 déc. |
| CHERVENOT (Pierre), 23 ans, | (Yonne), | 95e de ligne. | Petite vérole. | 6 déc. | 18 déc. |

| NOMS, PRÉNOMS ET AGE | LIEU DE NAISSANCE | RÉGIMENT ET GRADE | MALADIE ET BLESSURE | ENTRÉE A L'HOPITAL | DÉCÈS |
|---|---|---|---|---|---|
| GRASTEAU (François), 22 ans, | (Eure-et-Loir), | Voltigeur de la garde. | Petite vérole. | 11 déc. | 19 déc. |
| AURELLY (François), 21 ans, | (Basses-Pyrénées), | 2e Zouaves. | Dyssenterie. | 18 déc. | 19 déc. |
| PIOT (Jules), 22 ans, | (Côte-d'Or), | Garde mobile. | Petite vérole. | 14 déc. | 20 déc. |
| CHAVAN (Hippolyte), | Dijon (Côte-d'Or), | Garde mobile. | Petite vérole. | 12 déc. | 19 déc. |
| BERTIN (Eugène), | Estéguy (Landes), | 23e de ligne. | Dyssenterie. | 13 déc. | 19 déc. |
| GAUBERT (Adolphe), | — | 1er de Marine. | Petite vérole. | 17 déc. | 19 déc. |
| MOULAGER (Jean), 26 ans, | (Loire), | 2e Chasseurs à pieds. | Dyssenterie. | 80 nov. | 19 déc. |
| LAMI (Adolphe), 23 ans, | — | Chasseur de la garde. | Dyssenterie. | — | 20 déc. |
| CHINDER (François), | — | 5e d'Artillerie. | Pleurésie. | 27 nov. | 20 déc. |
| FREJAVILLE (Jean), 25 ans, | (Lot), | 5e bataillon de Chasseurs. | — | 1er oct. | 20 déc. |
| DUBOIS (Emile), 27 ans, | Saint-Amand (Nord), | 19e d'Artillerie. | — | 15 déc. | 20 déc. |
| GÉRY (Joseph), 24 ans, | Saint-Étienne (Loire), | 27e de ligne. | Petite vérole. | 14 déc. | 20 déc. |
| MAURICE (Xavier), 23 ans, | Antignac (Charente-Inférieure), | 30e de ligne. | Petite vérole. | 19 déc. | 21 déc. |
| ELÉGOT (Jean), 22 ans, | (Finistère), | Garde mobile. | Petite vérole. | 16 déc. | 21 déc. |
| KŒLLER (Pierre), | (Moselle), | 3e Voltigeurs de la garde. | Typhus. | 13 déc. | 21 déc. |
| RÉMUCI (Charles), 27 ans, | (Corse), | 2e Chasseurs. | Typhus. | 2 déc. | 21 déc. |
| DUBOIS (Emile), | — | 19e d'Artillerie. | — | — | 21 déc. |
| FRÉJAVILLE (Jean), | — | 5e bataillon de Chasseurs. | — | — | 21 déc. |
| PÉRET (Hippolyte), 23 ans, | Paris (Seine), | 1er de Marine. | Pleurésie. | 13 déc. | 21 déc. |
| LIRON (Jules), 26 ans, | Tournay (Aisne), | 29e de ligne. | Typhus. | 14 déc. | 21 déc. |
| GÉHIN (Charles), | Drussenheim (Bas-Rhin), | 80e de ligne. | Petite vérole. | 8 déc. | 21 déc. |
| WOLHUTER (David), 22 ans, | (Eure-et-Loir), | 84e de ligne. | Typhus. | 6 déc. | 21 déc. |
| DÉPORTBEIL (Emile), 35 ans, | (Manche), | Zouave de la garde. | Typhus. | 22 nov. | 22 déc. |
| ROUSMAVE (Célestin), 27 ans, | (Nord), | 15e de ligne. | Typhus. | 22 nov. | 22 déc. |
| DÉCORBY (Philippe), 22 ans, | (Haute-Saône), | 3e Zouaves. | Petite vérole. | 15 déc. | 22 déc. |
| JARDIN (Louis), 26 ans, | (Meuse). | 70e de ligne. | Petite vérole. | 10 déc. | 22 déc. |
| FRANÇOIS (Jules), | (Meuse), | 84e de ligne. | Petite vérole. | 9 déc. | 22 déc. |
| CHARTON (Henri), 24 ans, | Chaussin (Jura), | Garde mobile. | Typhus. | 12 déc. | 22 déc. |
| GIROUTOUT (Jules), | — | 61e de ligne. | Typhus. | 23 nov. | 12 déc. |
| LETUTOUT (Pierre), 25 ans, | (Morbihan), | 59e de ligne. | Typhus. | 13 déc. | 23 déc. |
| VENDOUX (Cyprien), 23 ans, | Pont-Esprit (Gard), | 87e de ligne. | Typhus. | 8 nov. | 23 déc. |
| VIGNÉ (Pierre), | (Ariége), | Chasseur à cheval de la garde. | Typhus. | 6 déc. | 25 déc. |
| FRANÇOIS (Ferdinand), | (Manche), | Voltigeur de la garde. | Typhus. | 7 déc. | 23 déc. |
| MARTINET (Julien), | (Loir-et-Cher), | Chasseur de la garde. | Pneumonie. | 2 déc. | 23 déc. |

| NOMS, PRÉNOMS ET AGE | LIEU DE NAISSANCE | RÉGIMENT ET GRADE | MALADIE ET BLESSURE | ENTRÉE A L'HOPITAL | DÉCÈS |
|---|---|---|---|---|---|
| DUFFAULT (Maximilien), 20 ans, | (Gers), | Civil. | Typhus. | 12 déc. | 23 déc. |
| FRANÇOIS (Joseph), | (Landes), | 84e de ligne. | Petite vérole. | 28 nov. | 23 déc. |
| DAVALON (Joseph), 23 ans, | (Isère), | 74e de ligne. | Petite vérole. | 15 déc. | 24 déc. |
| BERNARD (Pierre), 23 ans, | Saint-André (Nièvre), | 41e de ligne. | Dyssenterie. | 21 déc. | 24 déc. |
| BROUSTE (Jean), 25 ans, | (Lot), | 2e Voltigeurs. | Dyssenterie. | 19 déc. | 24 déc. |
| SCARBASSIÈRE (Félix), 23 ans. | (Calvados), | 88e de ligne. | Petite vérole. | 1er oct. | 24 déc. |
| ALEXANDRE (Marie), 23 ans. | Caën (Ille-et-Vilaine), | 23e de ligne. | Typhus. | 23 déc. | 24 déc. |
| BRUNARD (Jean), 23 ans, | (Gard), | 84e de ligne. | Petite vérole. | 12 déc. | 25 déc. |
| BONNOT (Jean), 23 ans. | (Bas-Rhin), | 52e de ligne. | Petite vérole. | 17 déc. | 25 déc. |
| HENTRICK (Jean-Pierre), | (Bas-Rhin), | 06e de ligne. | Petite vérole. | 16 déc. | 25 déc. |
| RAMMEL (François), 25 ans, | Bouquet (Gard), | 76e de ligne. | Petite vérole. | 23 déc. | 25 déc. |
| VOLTIER (Auguste), | — | 2e de ligne. | Petite vérole. | 18 déc. | 25 déc. |
| BREUIL (Henri), 22 ans, | (Yonne), | 1re de ligne. | Dyssenterie. | 21 nov. | 25 déc. |
| LEPAGE (Henri), 23 ans, | (Manche), | 2e Zouaves. | Petite vérole. | 10 déc. | 25 déc. |
| EGMON (Joseph), 25 ans, | Quimperlé (Finistère), | Garde mobile. | Typhus. | 20 déc. | 25 déc. |
| RUAULT (Auguste), | — | 21e de ligne. | Pneumonie. | 18 déc. | 25 déc. |
| COULON (Pierre), 24 ans, | Chatillon (Nièvre), | 64e de ligne. | Typhus. | 22 déc. | 25 déc. |
| CHEVALIER (Pierre), 24 ans, | (Isère), | 47e de ligne. | Dyssenterie. | 29 sept. | 25 déc. |
| PETTER (Etienne), | Mézière (Ardennes), | 63e de ligne. | Péritonite. | 23 déc. | 25 déc. |
| MARIETTI (Jules), 24 ans, | Seine-Inférieure), | 2e Voltigeurs de la garde. | Typhus. | 14 déc. | 26 déc. |
| ANGELHARD (Etienne), | (Seine-Inférieure), | 63e de ligne. | Typhus. | 31 nov. | 26 déc. |
| GENEL (René), 22 ans, | (Haute-Marne), | 84e de ligne. | Péritonite. | 10 déc. | 26 déc. |
| BRÉGY (Jean), 29 ans, | Sampans (Jura), | Garde mobile. | Typhus. | 18 déc. | 26 déc. |
| BRUGNEAU (Jean), | — | Artillerie. | Petite vérole. | — | 26 déc. |
| JACOB (Napoléon), 21 ans, | (Meuse), | 66e de ligne. | Petite vérole. | 21 déc. | 26 déc. |
| PLATEAU (Alphonse), | (Sarthe), | 2e de ligne. | Petite vérole. | 21 déc. | 26 déc. |
| DUPLOUX (Jean), 31 ans, | Fontenay (Côte-d'Or), | Garde mobile. | Petite vérole. | 16 déc. | 26 déc. |
| CAUDERC (Léonard), | (Corrèze), | 87e de ligne. | Typhus. | 23 déc. | 26 déc. |
| SURMILLY (Edouard), 23 ans, | (Vosges), | 1er de ligne. | Typhus. | 16 déc. | 26 déc. |
| PIGAN, | — | 37e de ligne. | Typhus. | 6 déc. | 26 déc. |
| GALLARDOT (Auguste), 26 ans, | (Côte-d'Or), | Garde mobile. | Typhus. | 9 déc. | 27 déc. |
| AJOUX (Claude-Benoît), 40 ans, | Chavans (Ain), | 2e Voltigeurs. | Typhus. | 18 déc. | 27 déc. |
| BESSON (Jean), | (Haute-Garonne), | 28e de ligne. | Petite vérole. | 21 déc. | 27 déc. |
| PRIEUR (Henri), 27 ans, | (Nord), | 72e de ligne. | Typhus. | 30 nov. | 27 déc. |
| MEUNIER (François), 24 ans, | Orjelet (Jura), | 76e de ligne. | Petite vérole. | 23 déc. | 27 déc. |
| BOUQUET (Jean), 27 ans, | Vivario (Corse) | 54e de ligne. | Pneumonie. | 17 déc. | 27 déc. |
| LAVERGNE (Jean), | (Haute-Vienne), | 79e de ligne. Caporal. | Petite vérole. | 20 déc. | 28 déc. |

| NOMS, PRÉNOMS ET AGE | LIEU DE NAISSANCE | RÉGIMENT ET GRADE | MALADIE ET BLESSURE | ENTRÉE A L'HOPITAL | DÉCÈS |
|---|---|---|---|---|---|
| COSTA (Ignace), 23 ans, | (Haute-Marne), | 76e de ligne. | Typhus. | 9 déc. | 28 déc. |
| GIRAULT (Eugène), 26 ans, | (Indre). | 84e de ligne. | Typhus. | 9 déc. | 28 déc. |
| FRANÇOIS (Emile), | - | 51e de ligne. | — | — | 27 déc. |
| FAUVEL (Julien), | — | 43e de ligne. | — | — | 27 déc. |
| JORNET (Auguste), | — | 54e de ligne. | — | — | 27 déc. |
| BOLLET (Claude), 27 ans, | Angers (Maine-et-Loire). | 90e de ligne. | Typhus. | 9 déc. | 28 déc. |
| GOURMELON (Marie), 23 ans. | Crozon (Finistère), | 24e de ligne. | Typhus. | 14 déc. | 28 déc. |
| TRIGOULET (Alfred), | (Sarthe), | 63e de ligne. | — | 20 déc. | 28 déc. |
| RINIA (Jean), | (Seine-Inférieure), | 18e de ligne. | Typhus. | 24 déc. | 29 déc. |
| GÉZILOT (Robert), 23 ans, | Nanteuil (Dordogne), | 76e de ligne. | Pneumonie. | 27 déc. | 28 déc. |
| ABÉLARD (Albert), | — | 15e de ligne. | — | — | 28 déc. |
| CLAYER (Isidore), 25 ans, | (Mayenne), | 1er de Marine. | Typhus. | 21 déc. | 28 déc. |
| PLANTIN (Eugène), 32 ans, | Strasbourg (Bas-Rhin), | 84e de ligne. | Typhus. | 15 déc. | 28 déc. |
| MOULLERON (Eugène), 22 ans, | (Meurthe). | 87e de ligne. | Petite vérole. | 23 déc. | 28 déc. |
| EBERT (Henri), | (Seine-Inférieure), | 64e de ligne. | Petite vérole. | 24 déc. | 29 déc. |
| SABATIER (Jean), 44 ans. | (Hautes-Pyrénées), | Zouave de la garde. | Petite vérole. | 22 déc. | 29 déc. |
| COCUS (François), 28 ans, | Brain (Côte-d'Or), | Garde mobile. | Pneumonie. | 15 déc. | 29 déc. |
| FURST (Bernard), | (Gironde), | 35e de ligne. | Petite vérole. | 25 déc. | 29 déc. |
| RIVIÈRE (Guillaume), 25 ans, | Beaumont (Dordogne). | 2e de ligne. | Petite vérole. | 22 déc. | 29 déc. |
| TANGUY (René), | Bannalec (Finistère), | Garde mobile. | Typhus. | 25 déc. | 30 déc. |
| LEGUINIER (Louis), 52 ans, | Guiry (Seine-et-Oise), | Civil. | Dyssenterie. | 1er nov. | 29 déc. |
| LASTRE (Auguste), 25 ans, | Saint-Vincent-sur-l'Isle (Dordogne), | 5e de ligne. | Petite vérole. | 20 déc. | 30 déc. |
| GÈLAY (Charles), 27 ans, | Romilly-sur-Seine (Aube), | 47e de ligne. | Petite vérole. | 24 déc. | 30 déc. |
| GUILLOIS (Auguste), | — | 75e de ligne. | — | 25 déc. | 30 déc. |
| BONTELOUP (Baptiste), 24 ans, | (Sarthe), | Chasseur de la garde. | Dyssenterie. | 1er déc. | 30 déc. |
| TROUSSELARD (Justin), 23 ans, | (Meuse), | 84e de ligne. | Dyssenterie. | 6 déc. | 29 déc. |
| BOUISSON (Jean), | (Dordogne). | 72e de ligne. | Typhus. | 14 déc. | 30 déc. |
| ACHARD (Alfred), 25 ans, | (Nord), | 57e de ligne. | Petite vérole. | 22 déc. | 30 déc. |
| GAUCHER (Auguste), | (Seine), | 63e de ligne. | Petite vérole. | 19 déc. | 31 déc. |
| BRAHAY (Marie-Louis), 25 ans, | (Ardèche). | 57e de ligne. | Dyssenterie. | 16 déc. | 30 déc. |
| BAYARD (Arthur), 23 ans, | Compiègne (Oise), | 3e de Zouaves. | Typhus. | 30 déc. | 31 déc. |
| FRIQUET (Pierre), 24 ans, | (Orne), | 13e d'Artillerie. | Dyssenterie. | 25 déc. | 30 déc. |
| CALMON (Modeste), | (Jura), | 67e de ligne. | Typhus. | 28 déc. | 31 déc. |
| CUBERNOL (Auguste), 23 ans, | (Ardèche), | 9e section d'administration. | Typhus. | 27 déc. | 31 déc. |
| MICHEL (Simon), 25 ans, | (Côte-d'Or), | Garde mobile. | Petite vérole. | 13 déc. | 31 déc. |
| AMET (Ben-Soléman), | Sétif Constantine, | 3e Tirailleurs. | Blessure. | 2 oct. | 31 déc. |
| BAYLET (Antoine), | — | 3e Voltigeurs de la garde. | Typhus. | 31 déc. | 31 déc. |
| MORICHON (Jacques), | (Vienne), | 15e d'Artillerie. | Pneumonie. | 17 nov. | 31 déc. |

| NOMS, PRÉNOMS ET AGE | LIEU DE NAISSANCE | RÉGIMENT ET GRADE | MALADIE ET BLESSURE | ENTRÉE A L'HOPITAL | DÉCÈS |
|---|---|---|---|---|---|
| LALLEMAND (Jules), 23 ans, | (Marne). | 21e de ligne. | Pneumonie. | 22 déc. | 31 déc. |
| PARIS (Ferdinand), 23 ans, | (Vosges), | 76e de ligne. | Petite vérole. | 1er janv. | 1er janv. |
| REVIERE (Théophile), 27 ans, | (Manche), | 47e de ligne. | Typhus. | 25 déc. | 1er janv. |
| COMMA (Claude), | (Côte-d'Or), | 4e section de pontoniers. | Dyssenterie. | 18 déc. | 1er janv. |
| HENRION (Jean), | (Moselle), | 15e d'Artillerie. | Typhus. | 21 déc. | 1er janv. |
| ALAZEDE (Baptiste), | (Aude), | 24e de ligne. | Typhus. | 19 déc. | 1er janv. |
| CUBAGNES (J.-Pierre), 28 ans, | (Aude), | 83e de ligne. | Typhus. | 22 déc. | 1er janv. |
| BLUST (Claude), | — | 21e de ligne. | Typhus. | 18 déc. | 1er janv. |
| MARTIN (Louis), 25 ans, | (Dordogne). | 75e de ligne. | Pneumonie. | 31 oct. | 1er janv. |
| BOUSQUEL (J-François), 22 ans, | Radines (Aveyron), | 87e de ligne. | Pneumonie. | 17 déc. | 1er janv. |
| MARRON (Pierre-Isid.), | (Tarn-et-Garonne), | 3e de ligne. | Typhus. | 30 déc. | 2 janv. |
| HUGUET (Jean-Pierre), | Corbelin (Isère), | 66e de ligne. | Dyssenterie. | 10 déc. | 2 janv. |
| PERRET (Aimé), 25 ans, | (Ille-et-Vilaine), | Zouave de la garde. | Petite vérole. | 22 déc. | 2 janv. |
| MAZARIN (Auguste), 23 ans, | (Ardèche), | 19e bataillon de Chasseurs. | Petite vérole. | 25 déc. | 2 janv. |
| LACOUTIERE (Lucien), 24 ans, | Langres (Haute-Marne), | 59e de ligne. | — | 18 déc. | 2 janv. |
| THIERY (Nicolas), 23 ans, | La Charité (Nièvre), | 78e de ligne. | Petité vérole. | 23 déc. | 2 janv. |
| MAGNAUGA (Léonard), 25 ans, | (Dordogne), | 76e de ligne. | Typhus. | 20 déc. | 2 janv. |
| JUNG (Mathieu), 24 ans, | (Moselle), | Garde mobile. | Typhus. | 3 déc. | 2 janv. |
| FLAMIN (Louis), 23 ans, | (Aisne), | 84e de ligne. | — | 10 déc. | 2 janv. |
| MOREL (Charles), | Avranches (Manche), | 33e de ligne. | Apoplexie. | — | 2 janv. |
| MOREL (Pierre), 26 ans, | (Sarthe), | 2e de ligne. | Typhus. | 6 déc. | 3 janv. |
| HUCK (Joseph), 21 ans, | Rosenviller (Bas-Rhin), | Garde mobile. | Pneumonie. | 13 déc. | 3 janv. |
| LESPINASSE (Louis), | (Cantal), | 15e d'Artillerie. | Typhus. | 5 déc. | 3 janv. |
| CAILA (Pierre), 27 ans, | (Aude), | 22e de ligne. | Typhus. | 2 janv. | 3 janv. |
| HOUDARD (Florian), | — | 15e d'Artillerie. | — | — | 3 janv. |
| COUTURAL (Bernard), 25 ans, | Aiguevives (Haute-Garonne), | 1er de Zouaves. | Typhus. | 8 nov. | 3 janv. |
| COMMUNAL (Théophile), 26 ans, | (Savoie), | 15e d'Artillerie. | Dyssenterie. | 10 déc. | 3 janv. |
| DETAIT (Jean), | (Puy-de-Dôme). | 21e de ligne. | Typhus. | 3 janv. | 3 janv. |
| DELATRE (Louis), | Pleine-Sève (Seine-Inférieure), | Zouave de la garde. | Petite vérole. | 18 nov. | 4 janv. |
| MASARD (Remis), | (Aisne), | 73e de ligne. (Sergent). | Typhus. | 1er déc. | 4 janv. |
| DECAMP (Jules), 22 ans, | (Pas-de-Calais), | 79e de ligne. | Dyssenterie. | 30 nov. | 4 janv. |
| CAVILLARD (Auguste), 30 ans, | Châlons (Marne), | 15e d'Artillerie. | Typhus. | 26 nov. | 4 janv. |
| GAGNEUX (Louis), 31 ans, | (Saône-et-Loire), | 2e section d'administration. | Typhus. | 2 oct. | 4 janv. |
| GONDRAS (Julien), 29 ans, | (Loire), | 17e de ligne. | Petite vérole. | 25 déc. | 4 janv. |
| CARON (Martin), | (Côtes-du-Nord), | 2e Voltigeurs. | Typhus. | 4 janv. | 4 janv. |
| BUGNON (Alphonse), | (Finistère), | 51e de ligne. | Typhus. | 4 janv. | 4 janv. |

| NOMS, PRÉNOMS ET AGE | LIEU DE NAISSANCE | RÉGIMENT ET GRADE | MALADIE ET BLESSURE | ENTRÉE A L'HOPITAL | DÉCÈS |
|---|---|---|---|---|---|
| LANDON (Justin), 26 ans, | Beauregard (Dordogne), | 49e de ligne. | Typhus. | 4 déc. | 4 janv. |
| VIZERNE (Michel), | (Pyrénées-Orientales), | 22e de ligne. | Typhus. | 31 déc. | 5 janv. |
| CHAUVEAU (Jean), | (Maine-et-Loire), | 13e d'Artillerie. | Typhus. | 11 déc. | 5 janv. |
| LEGAL (François), 31 ans, | (Finistère), | 2e Voltigeurs de la garde. | Petite vérole. | 26 déc. | 5 janv. |
| CHARBONNEAUX (Joseph), | (Isère), | 1er Cuirassiers. | Typhus. | 1er janv. | 5 janv. |
| BRUNEAU (Ambroise), | (Eure), | 47e de ligne. | Typhus. | 11 déc. | 5 janv. |
| BOILLERIAU (Antoine), | (Seine-et-Oise). | 43e de ligne. | Dyssenterie. | — | 5 janv. |
| PANNIER (Alfred), 24 ans, | (Manche), | 10e de ligne. | Typhus. | 27 déc. | 6 janv. |
| BOUTHEMIN (Sylvain), | (Creuse), | Civil. | Pneumonie. | 23 déc. | 6 janv. |
| RINTEAU (Jean), 23 ans, | (Loire-Inférieure), | 81e de ligne. | Petite vérole. | 27 déc. | 6 janv. |
| BERTHAUD (Jean), 34 ans, | (Côte-d'Or), | 4e de Marine. | Typhus. | 2 janv. | 6 janv. |
| OUVRE (Ferdinand), 22 ans, | (Manche), | 61e de ligne. | Petite vérole. | 5 janv. | 6 janv. |
| ROBIN (Célestin), 23 ans, | (Vienne), | 96e de ligne. | Dyssenterie. | 5 janv. | 5 janv. |
| ANCIN (Joseph), 25 ans, | (Vosges), | 15e d'Artillerie. | Typhus. | 6 janv. | 6 janv. |
| FESQUET (Ariste), | (Gard), | 10e Chasseurs à pied. | Pneumonie. | 3 janv. | 7 janv. |
| HARDY (Louis), | (Ille-et-Vilaine), | 50e de ligne. | Typhus. | 6 janv. | 7 janv. |
| VAILLAND (Jean), 64 ans, | (Seine-et-Marne), | Agent d'Assurance (Civil). | Typhus. | 19 déc. | 7 janv. |
| VARIN (Antoine), 21 ans, | (Seine-Inférieure), | 94e de ligne. | Dyssenterie. | 29 déc. | 7 janv. |
| GONTIÈRE (Alexandre), 25 ans, | (Sarthe), | 47e de ligne. | Typhus. | 6 janv. | 6 janv |
| GIRARD (Joseph), 26 ans, | (Indre-et-Loire), | 17e de ligne. | Typhus. | 6 janv. | 6 janv. |
| REDQUILLON (Jean), 26 ans, | — | Zouave de la garde. | Pneumonie. | 22 déc. | 7 janv. |
| ROUSSEL (Mathurin), | — | 81e de ligne. | Pneumonie. | 4 déc. | 7 déc. |
| CHAGNAL (Romain), 25 ans, | (Ardèche), | 67e de ligne. | Typhus. | 6 janv. | 7 janv. |
| VILLEMAIN (Joseph), 23 ans, | (Vosges). | 26e de ligne. | Typhus. | 26 nov. | 8 janv. |
| CLARET (Pierre), | — | 76e de ligne. | Petite vérole. | 8 déc. | 6 janv. |
| EDOUGUE (Onésime), 22 ans, | Saint-Martin (Seine-Inférieure) | 7e de ligne. | Typhus. | 3 janv. | 7 janv. |
| DURAND (Armand), 25 ans. | Saint-Michel (Dordogne), | 6e de ligne. | Typhus. | 3 janv. | 7 janv. |
| HULOT (Ernest), 26 ans, | (Oise), | 3e bataillon de Chasseurs. | Typhus. | 3 janv. | 8 janv. |
| CAPOT (Jean), 24 ans, | (Tarn-et-Garonne). | 67e de ligne. | Typhus. | 7 janv. | 8 janv. |
| LEROUQUE (Auguste), | (Aisne), | 24e de ligne. | Petite vérole. | 7 janv. | 8 janv. |
| JAFFRES (Guillaume), 25 ans, | (Finistère), | 2e Voltigeurs. | Petite vérole. | 2 janv. | 8 janv. |
| KIERVEL (Charles-Valentin), 60 ans, | Strasbourg, (Bas-Rhin). | Officier d'état-major. | Pneumonie. | — | 7 janv. |
| FERRY (Félix), 25 ans, | (Vosges), | 2e Voltigeurs. | Typhus. | 7 janv. | 8 janv. |
| ROULAND (Eugène), 19 ans, | (Mayenne), | 64e de ligne. | Dyssenterie. | 23 nov. | 8 janv. |
| VERDIER (Léonard), 23 ans, | (Corrèze), | 87e de ligne. | Typhus. | 3 janv. | 8 janv. |
| MAURE (Auguste), 22 ans, | (Nièvre) | 55e de ligne. | Typhus. | 22 déc. | 8 janv. |
| St-LÉGER (Xavier), | (Nord), | 63e de ligne. | Typhus. | 4 janv. | 9 janv. |

| NOMS, PRÉNOMS ET AGE | LIEU DE NAISSANCE | RÉGIMENT ET GRADE | MALADIE ET BLESSURE | ENTRÉE A L'HOPITAL | DÉCÈS |
|---|---|---|---|---|---|
| LEVASSEUR (Auguste), 25 ans, | (Haute-Marne), | 2e Voltigeurs de la garde. | Pneumonie. | 1er déc. | 8 janv. |
| RIVOLLER (Pierre), 25 ans, | (Finistère), | 3e Génie de Sapeurs. | Pneumonie. | 28 nov. | 9 janv. |
| MIGNOT (Achille), 25 ans, | (Seine-et-Marne), | 21e de ligne. | Typhus. | 16 déc. | 9 janv. |
| THIERS (Ernest), 22 ans, | Amiens, (Somme), | Train de la garde | Pneumonie. | 2 janv. | 9 janv. |
| DUVAL (Victor-Charles), 27 ans, | (Mayenne), | 43e de ligne. | Petite vérole. | 25 déc. | 9 janv. |
| DUGEN (Onésime), 21 ans, | (Yonne), | 21e de ligne. | Typhus. | 4 janv. | 9 janv. |
| FAHRLAENDER (Joseph), 22 ans, | Mittelbergheim (Bas-Rhin), | Garde mobile. | Petite vérole. | 26 déc. | 9 janv. |
| SUDRE (Léon), 23 ans, | (Tarn), | 3e Voltigeurs de la garde. | Typhus. | 6 janv. | 9 janv. |
| LERAY (Pierre), 22 ans, | (Côte-d'Or), | Zouave de la garde. | Typhus. | 4 janv. | 10 janv. |
| CAMPAN (Berthaud), 26 ans, | (Hautes-Pyrénées) | 3e Voltigeurs, de la garde. | Typhus. | 14 déc. | 10 janv. |
| SÉVERAN (Frédéric), 27 ans, | Paris, (Seine), | 1er de Marine Caporal. | Dyssenterie. | 19 déc. | 10 janv. |
| ARVOIR (André), 21 ans, | (Gironde), | 42e de ligne. | Typhus. | 30 déc. | 10 janv. |
| MANY (Dominique). 24 ans, | (Eure), | 21e de ligne. | Typhus. | 26 déc. | 10 janv. |
| DÉSIRÉ (Julien), 21 ans, | Lyon (Rhône), | 48e de ligne. | Pneumonie. | 10 janv. | 11 janv. |
| MOREAU (Jules), 24 ans, | (Seine), | 3e de ligne. | Pneumonie. | 5 janv. | 11 janv. |
| BOUTAND (Louis), 33 ans, | (Vienne), | 1e bataillon de Chasseur. | Pneumonie. | — | 10 janv. |
| PÉLÉ (Guillaume), | (Finistère). | 1er bataillon de Chasseurs. | Dyssenterie. | 19 déc. | 10 janv. |
| COURTIN (Emile), | (Gard). | 84e de ligne. | Typhus. | 10 janv. | 11 janv. |
| GAUDRON (Guillaume), 23 ans, | (Côtes-du-Nord). | 61e de ligne. | Typhus. | 21 déc. | 11 janv. |
| LEGRAND (François), 20 ans, | (Indre), | 42e de ligne. | Typhus. | 5 déc. | 12 janv. |
| SOUFFLET (Léon-Louis), 22 ans, | Paris (Seine), | 67e de ligne. | Typhus. | 30 déc. | 12 janv. |
| CHALAGER (Pierre). 22 ans, | (Ardèche), | 84e de ligne. | Typhus. | 7 janv. | 11 janv. |
| SEMEL (Joseph), 24 ans, | Angers, (Maine-et-Loire), | 76e de ligne. | Petite vérole. | 5 janv. | 11 janv. |
| BOIN (Jean), 26 ans, | (Haute-Saône), | 2e de ligne. | Petite vérole. | 2 janv. | 11 janv. |
| DESMOULIN (Claude-Marie), 23 ans, | (Haute-Saône), | 4e de ligne. | Petite vérole. | 4 janv. | 11 janv. |
| MANNESIN (Antoine), | (Saône-et-Loire), | 84e de ligne. | Phthisie. | 4 janv. | 10 janv. |
| REVERDY (Pierre-Auguste), 24 ans, | (Ille-et-Vilaine), | 50e de ligne. | Typhus. | 6 janv. | 12 janv. |
| PARAN (Jean). | — | 64e de ligne. | — | 23 déc. | 12 janv. |
| LÉCUYER (Pierre), 24 ans, | Issy (Seine), | 84e de ligne. | Petite vérole. | 2 janv. | 12 janv. |
| RENAUX (Jules-Marie), 23 ans, | (Haute-Marne). | 84e de ligne. | Petite vérole. | 6 janv. | 13 janv. |
| BONNET (Victor), 24 ans, | Paris (Seine), | 1er de Marine. Caporal. | Chancre au genou. | 2 oct. | 13 janv. |
| DEMAITRE (Louis), | — | 5e Dragons. | — | 18 nov. | 12 janv. |
| BRISTOL (Jean), 23 ans, | (Isère), | 63e de ligne | — | 7 janv. | 11 janv. |
| DESCARPENTRIE | — | 3e Voltigeurs de la garde. | Typhus. | 6 sept. | 12 janv. |

| NOMS, PRÉNOMS ET AGE | LIEU DE NAISSANCE | RÉGIMENT ET GRADE | MALADIE ET BLESSURE | ENTRÉE A L'HOPITAL | DÉCÈS |
|---|---|---|---|---|---|
| BREUSIÉ (Joseph), 24 ans, | (Loire), | 94e de ligne. | Typhus. | 3 janv. | 12 janv. |
| CARRIOL (Eugène), | (Tarn), | Chasseur de la garde. | Pneumonie. | 30 déc. | 12 janv. |
| KIEFFER (Alphonse), 25 ans, | Benfeld (Bas-Rhin) | Garde mobile | Fièvre céérébrale. | 22 nov. | 12 janv. |
| CHENAU (François), 28 ans, | (Loiret), | 70e de ligne. | Dyssenterie. | 26 déc. | 12 janv. |
| POTIER (Henri), 23 ans, | (Nord), | 21e de ligne. | Typhus. | 28 déc. | 12 janv. |
| CARBONNETOT (Victor-Hippolyte), | Marseille (Bouches-du-Rhône), | 1er de Marine. | Dyssenterie. | 24 nov. | 13 janv. |
| GUILLERMAN | (Finistère), | 28e de ligne. | Typhus. | 11 janv. | 13 janv. |
| VIELLE (Alfred-Victor), | (Eure), | 7e bataillon de Chasseurs. | Petite vérole. | 8 janv. | 14 janv. |
| DUFOUR (Michel), 22 ans, | (Loire). | 72e de ligne. | Hydropisie. | 1er janv. | 14 janv. |
| LAGER (Joseph), | (Gard), | 2e Zouaves. | Pneumonie. | 23 déc. | 14 janv. |
| IPEHER (Adolphe), 22 ans, | (Cantal), | Chasseur de la garde. | Typhus. | 4 janv. | 14 janv. |
| GARDINET (Pierre), 22 ans, | (Dordogne), | Chasseur de la garde. | Typhus. | 3 janv. | 14 janv. |
| MORLARD (Victor), | (Lot), | 30e de ligne. | Pneumonie. | 6 janv. | 19 janv. |
| VAIGNAND (Jean-Baptiste), 34 ans, | (Marne), | Civil. | Hydropisie. | 26 nov. | 14 janv. |
| MAHUN (Charles), 26 ans, | Saint-Pierre-l'Eglise (Manche), | 19e bataillon de Chasseurs. | Pneumonie. | 14 janv. | 14 janv. |
| MICOUTAN (André), 41 ans, | Grenoble (Isère), | 1er Chasseurs d'Afrique. | Typhus. | 11 janv. | 14 janv. |
| MICHELOT (Augustin), 24 ans, | Colombier (Haute-Saône), | Chasseur de la garde. | Pneumonie. | 12 janv. | 14 janv. |
| DUGENEL (Léonard), 29 ans, | (Haute-Vienne), | 67e de ligne. | Dyssenterie. | 6 janv. | 14 janv. |
| BERGONNE (Jean), 22 ans, | (Lot), | 30e de ligne. | Pneumonie. | 5 janv. | 15 janv. |
| DUGUET (François), 29 ans, | (Allier), | 56e de ligne. | Hydropisie. | 6 janv. | 15 janv. |
| GASCARD (Louis), 27 ans, | (Haute-Marne), | 11e Section d'administration | Pneumonie. | 12 janv. | 15 janv. |
| FUSILLIER (Simon), 32 ans, | (Vosges), | 15e de ligne. | Pneumonie. | 27 nov. | 15 janv. |
| PAGOT (Jean), 24 ans, | (Dordogne), | 76e de ligne. | Typhus. | 10 janv. | 15 janv. |
| PÉLISSIER (Jean), 27 ans, | Saint-Flour (Cantal), | 18e de ligne. | Pleurésie. | 28 déc. | 15 janv. |
| RENAUDIN (Jean), 31 ans, | (Ardennes). | 13e bataillon de Chasseurs. | — | 7 janv. | 15 janv. |
| SUC (Louis), 26 ans, | (Haute-Loire), | 78e de ligne. | Pneumonie. | 13 janv. | 15 janv. |
| DAUGONNE (Jean-Marie), 27 ans, | (Finistère), | 24e de ligne. | Typhus. | 2 déc. | 16 janv. |
| CASANOVA (Bernard), 26 ans, | (Corse), | 56e de ligne. | Phthisie. | 30 déc. | 16 janv. |
| OZOUF (Pierre), 34 ans, | (Manche), | 55e de ligne. | Dyssenterie. | 26 déc. | 16 janv. |
| BRIQUET (Jules), 34 ans, | Saint-Michel (Gard), | 3e Voltigeurs. | Apoplexie. | — | 15 janv. |
| CROTTE (Jean), 23 ans, | Saint-Aubin (Ille-et-Vilaine), | 84e de ligne. | Petite vérole. | 7 janv. | 15 janv. |
| HACHETTE (Michel), 23 ans, | (Cher), | 66e de ligne. | Typhus. | 6 janv. | 15 janv. |
| DELAPIERRE (Louis), 26 ans, | (Oise), | 4e Artillerie. | Typhus. | 31 déc. | 15 janv. |

| NOMS, PRÉNOMS ET AGE | LIEU DE NAISSANCE | RÉGIMENT ET GRADE | MALADIE ET BLESSURE | ENTRÉE A L'HOPITAL | DÉCÈS |
|---|---|---|---|---|---|
| BARDET (Jean-François), 28 ans. | (Moselle), | 15e Chasseurs à pied. | Typhus. | 26 déc. | 15 janv. |
| BOITZEN (Charles), | Pauligny (Indre), | 70e de ligne. | Typhus. | 12 janv. | 15 janv. |
| BAUDRIER (Arthur). | — | 1er de Marine. | Typhus. | 23 nov. | 16 janv. |
| BRAZIDECK (Jean-Jacques), | (Morbihan), | 1er de Marine. | Dyssenterie. | 20 oct. | 16 janv. |
| CASTELLAIN (Eugène). 25 ans, | (Calvados), | 3e Zouaves. | Petite vérole. | 5 janv. | 16 janv. |
| MOREL (Antoine). 23 ans, | (Puy-de-Dôme). | 21e de ligne. | Typhus. | 11 janv. | 16 janv. |
| RODARY (Emile), | — | 68e de ligne. | Pneumonie. | 25 nov. | 17 janv. |
| BLAISE (Jean). | (Vosges), | 84e de ligne. | Pneumonie. | 8 janv. | 16 janv. |
| VIENDONI (James), 22 ans, | (Gironde). | 71e de ligne. | Apoplexie. | — | 16 janv. |
| MONEY (Jean), 28 ans, | (Allier), | 56e de ligne. | Typhus. | 16 janv. | 16 janv. |
| LAFFOND (Louis), | (Aude), | 39e de ligne. | Typhus. | 15 janv. | 16 janv. |
| DOT (Jean), 22 ans, | (Nièvre), | 17e Artillerie. | Dyssenterie. | 5 janv. | 17 janv. |
| GAUTHIER (Lazare). 24 ans, | (Saône-et-Loire), | 84e de ligne. | Petite vérole. | 6 janv. | 17 janv. |
| SOMMIER (Jule), | (Loir-et-Cher). | 94e de ligne. | Typhus. | 23 déc. | 17 janv. |
| BONNEMAISON (Jean), | (Gironde). | 47e de ligne. | Typhus. | 31 déc. | 17 janv. |
| REGNIER (Jean), 26 ans, | (Charente-Inférieure). | 84e de ligne. | Typhus. | 31 déc. | 17 janv. |
| DIBASSET (Jean), | Quimper (Finistère). | 63e de ligne. | Petite vérole. | 10 janv. | 17 janv. |
| GAUTHIER (Albert), 25 ans, | (Sarthe), | 78e de ligne (caporal). | Dyssenterie. | 21 nov. | 17 janv. |
| GAUTHIER (Jean-Marie), 24 ans, | (Loire-Inférieure), | 84e de ligne. | Petite vérole. | 11 janv. | 17 janv. |
| LAIZÉ (Alphonse), 22 ans, | (Manche), | 2e Voltigeurs. | Typhus. | 7 janv. | 18 janv. |
| BOULANGER (Louis). 32 ans, | (Moselle), | Civil. | Petite vérole. | 9 déc. | 18 janv. |
| DENIS (Henri). 23 ans, | (Lot), | 10e de ligne. | Petite vérole. | 21 déc. | 18 janv. |
| FORTIN (Jean), 21 ans, | (Puy-de-Dôme), | 3e de ligne. | Petite vérole. | 9 janv. | 18 janv. |
| DEMENOIX (Louis), 24 ans, | (Nièvre). | 27e de ligne. | Dyssenterie. | 25 nov. | 14 janv. |
| PONSENARD (Denis), 35 ans, | (Côte-d'Or), | Garde mobile. | Pneumonie. | 15 janv. | 18 janv. |
| LESCURE (Jean), 23 ans, | (Dordogne), | 87e de ligne. | Typhus. | 17 janv. | 18 janv. |
| VIOTTI (Lucien), 22 ans, | Paris (Seine). | 69e de ligne. | Petite vérole. | 1er janv. | 19 janv. |
| JOLIVET (Jacques), 22 ans. | Sant (Lot), | 84e de ligne. | Typhus. | 9 janv. | 18 janv. |
| LANCENOT (Hippolyte), | Versey (Côte-d'Or), | Garde mobile. | Typhus. | 1er janv. | 19 janv. |
| DUBOS (Pierre). 26 ans, | Bordeaux (Gironde), | 4e Lanciers. | Pneumonie. | 14 janv. | 19 janv. |
| GAUTHIER (Pierre), 23 ans, | (Cher), | 1er train. | Typhus. | 19 janv. | 19 janv. |
| TONNELIER (Joseph), 26 ans, | Châtenois (Bas-Rhin), | Garde mobile. | Pneumonie. | 11 janv. | 19 janv. |
| BALLOT (Jean), 25 ans. | Maubnan (Charente-Inférieure), | 87e de ligne. | Petite vérole. | 11 janv. | 20 janv. |
| FONEL (Baptiste), 22 ans, | (Eure), | 3e Génie. | Pneumonie. | 7 janv. | 20 janv. |
| ANDRIEUX (Philippe), | Bollein (Vaucluse), | 2e de Voltigeurs. | Petite vérole. | 15 janv. | 20 janv. |

| NOMS, PRÉNOMS ET AGE | LIEU DE NAISSANCE | RÉGIMENT ET GRADE | MALADIE ET BLESSURE | ENTRÉE A L'HOPITAL | DÉCÈS |
|---|---|---|---|---|---|
| LIBAROS (Lucien), 26 ans, | (Gers). | Garde mobile. | Petite vérole. | 14 janv. | 20 janv. |
| LANGLARD (François). | (Charente-Inférieure), | 25e de ligne. | Fièvre cérébrale. | 16 janv. | 21 janv. |
| VITARD (Jean), 26 ans, | (Manche). | 1er de Marine. | Typhus. | 22 déc. | 21 janv. |
| HELLE (Floriant). 27 ans. | (Haute-Saône). | 80e de ligne. | Petite vérole. | 22 déc. | 21 janv. |
| HALMAN (Théophile). 23 ans. | (Côtes-du-Nord), | 15e d'Artillerie. | Typhus. | 15 janv. | 21 janv. |
| HUMBERT (Pierre). 25 ans, | (Maine-et-Loire). | 5e de Hussards. | Typhus. | 18 janv. | 21 janv. |
| ROUX (Victor), 26 ans, | (Ain). | Zouave de la garde. | Dyssenterie. | 13 nov. | 21 janv. |
| CARRIÉBAUD (François), 22 ans, | (Gers). | 80e de ligne. | Typhus. | 5 janv. | 21 janv. |
| LENOIR (Pierre). | (Seine-et-Marne). | 21e de ligne. | — | 14 janv. | 21 janv. |
| BAULIN (Joseph), | (Meurthe). | 100e de ligne. | Dyssenterie. | 23 déc. | 21 janv. |
| BAROUX (Claude). 21 ans, | (Loire), | 56e de ligne. | Petite vérole. | 16 janv. | 21 janv. |
| ROSSY (Claude), | Vienne (Isère). | 3e Zouaves. | Typhus. | 20 janv. | 21 janv. |
| BUISSON (Victor), 24 ans. | (Seine-et-Oise). | 24e de ligne. | Typhus. | 14 janv. | 21 janv. |
| COLIN (Aloyse), 27 ans, | (Finistère). | 87e de ligne. | Typhus. | 18 janv. | 22 janv. |
| LOTHIER (Michel). 24 ans, | (Eure), | 24e de ligne. | Petite vérole. | 9 janv. | 22 janv. |
| EGBERT (Alfred), 27 ans, | (Isère), | 7e d'Artillerie. | Petite vérole. | 10 janv. | 22 janv. |
| MILLOT (Jacques), | (Yonne), | 50e de ligne. | Pneumonie. | 17 janv. | 21 janv. |
| LAURENT (Jean-Marie). | — | 2e de ligne. | Phthisie. | 22 déc. | 22 janv. |
| FRACOL (Antoine), 27 ans. | Condrieu (Rhône), | 32e de ligne. | Pneumonie. | 12 janv. | 22 janv. |
| CHEMINOT (François). 26 ans, | (Cher). | 76e de ligne. | Pneumonie. | 17 janv. | 22 janv. |
| BORDENKIRCHER (J.). 44 ans, | Lauterburg (Bas-Rhin). | 2e de Voltigeurs. | — | — | 21 janv. |
| LEBRIS (Jean-Pierre). | — | 10e de ligne. | — | 8 janv. | 22 janv. |
| ETIENNE (Pierre). 28 ans, | (Doubs), | 1er de Chasseurs. | Typhus. | 7 janv. | 22 janv. |
| ALTIER (Cyprien). 24 ans, | Saint-André (Lozère), | Chasseur de la garde. | Petite vérole. | 14 janv. | 22 janv. |
| LANGERIE (Martin), | — | 76e de ligne. | Petite vérole. | 31 déc. | 22 janv. |
| PLANSON (Benjamin), 21 ans. | (Meuse). | 63e de ligne, caporal. | Typhus. | 19 janv. | 23 janv. |
| LACOSTE (Joseph). 24 ans. | (Aveyron). | 15e d'Artillerie. | Dyssenterie. | 13 janv. | 23 janv. |
| BOIS (Dominique), 45 ans, | (Dordogne), | 71e de ligne. | Typhus. | 24 nov. | 22 janv. |
| FERCHON (Pierre). 26 ans, | — | 3e Voltigeurs de la garde. | Typhus. | 17 janv. | 22 janv. |
| HELLEC (Jean), 26 ans. | (Morbihan), | 54e de ligne. | — | 14 déc. | 22 janv. |
| RONDEAU (Mathieu), | — | Garde mobile. | Typhus. | 20 janv. | 22 janv. |
| THOMASSET (Henri), 20 ans, | (Basses-Pyrénées). | 1re de Zouaves. | Pleurésie. | 12 janv. | 23 janv. |
| GOULIOT (Louis), 26 ans, | (Loir-et-Cher), | 84e de ligne. | Petite vérole. | 19 janv. | 23 janv. |
| GAUTHIER (Théodore), 24 ans, | (Mayenne), | 78e de ligne. | Petite vérole. | 30 déc. | 23 janv. |
| TALLANDIER (Alfred). 22 ans. | (Hautes-Alpes), | 84e de ligne. | Typhus. | 15 janv. | 23 janv. |
| DOMALIN (François), | (Côtes-du-Nord), | 81e de ligne. | Dyssenterie. | 17 janv. | 23 janv. |
| FOUCHE (Joseph), | (Mayenne), | 24e de ligne. | Pneumonie. | 17 janv. | 24 janv. |

| NOMS, PRÉNOMS ET AGE | LIEU DE NAISSANCE | RÉGIMENT ET GRADE | MALADIE ET BLESSURE | ENTRÉE À L'HOPITAL | DÉCÈS |
|---|---|---|---|---|---|
| TROULLET (Marie-Ad.), | (Doubs). | 2e Voltigeurs de la garde. | Typhus. | 12 janv. | 24 janv. |
| LECOUFF (Étienne), 25 ans, | (Nord). | 10e de Cuirassiers, sergent. | Typhus. | 30 déc. | 24 janv. |
| LALLEMAND (Léon), | Dannemarie (Haut-Rhin), | Garde mobile. | Petite vérole. | — | 24 janv. |
| DAVAIN (Pierre), 23 ans, | (Basses-Alpes), | 3e Voltigeurs de la garde. | Typhus. | 20 janv. | 25 janv. |
| DELFOURE (Jean), | — | 5e d'Artillerie. | — | 15 janv. | 24 janv. |
| FAGE (François), 22 ans, | (Puy-de-Dôme), | 74e de ligne. | — | 20 déc. | 24 janv. |
| FACHE (Alexandre), | (Pas-de-Calais). | 24e de ligne. | Typhus. | 6 janv. | 25 janv. |
| SOURBE (Pierre), | Fongrave (Lot-et-Garonne). | 5e d'Artillerie. | Petite vérole. | 1[illegible] janv. | 25 janv. |
| ALAZARD (Jean), | (Aveyron). | 96e de ligne. | Petite vérole. | 23 janv. | 26 janv. |
| BOSQUIN (Amand), 22 ans, | (Calvados). | 21e de ligne. | Typhus. | — | 25 janv. |
| MARAIS (Jules), 25 ans, | (Calvados). | 3e Voltigeurs de la Garde. | Typhus. | 12 janv. | 26 janv. |
| FABRE (Paul), | — | 81e de ligne. | Typhus. | 10 janv. | 26 janv. |
| NAUDIN (Achille), | (Rhône), | 1er de ligne. | Typhus. | — | 26 janv. |
| RICHARD (Pierre), 24 ans, | Saint-Germain (Seine-et-Oise), | 24e de ligne. | Petite vérole. | 15 janv. | 26 janv. |
| LAFLOQUE (Louis), 28 ans, | Saint-Christophe | 56e de ligne. | Petite vérole. | 12 janv. | 26 janv. |
| DOUSSON (Jean), 24 ans, | (Puy-de-Dôme). | 86e de ligne. | Typhus. | 17 janv. | 26 janv. |
| BOUILLOT (Charles), 25 ans, | (Saône-et-Loire). | 81e de ligne. | Petite vérole. | 26 janv. | 26 janv. |
| TREBOIS (Louis), | (Haute-Garonne). | 1er de ligne. | Typhus. | 25 janv. | 26 janv. |
| MOUSSION (Joseph), | — | 20e bataillon de Chass. à pied. | Bronchite. | 6 janv. | 27 janv. |
| CHERRUAU (Eugène), 24 ans, | (Maine-et-Loire), | 88e de ligne. | Dyssenterie. | 19 déc. | 27 janv. |
| SALLES (Jean). | (Ariége). | 78e de ligne. | Typhus. | 2 janv. | 27 janv. |
| CONSTANTINOPLE (André), 23 ans, | Pau (Basses-Pyrénées), | Zouave de la garde. | Petite vérole. | 18 janv. | 27 janv. |
| LÉGAL (René), | (Côtes-du-Nord). | 64e de ligne. | Dyssenterie. | 14 janv. | 27 janv. |
| COLOMB (Joseph), 24 ans, | (Nord), | 67e de ligne. | Typhus. | 12 janv. | 27 janv. |
| BRUTON (Jean), 24 ans. | (Loir-et-Cher). | 54e de ligne. | Typhus. | 19 janv. | 27 janv. |
| ROHE (Victor), 27 ans, | Fontenays (Vendée), | 70e de ligne. | Dyssenterie. | 3 déc. | 28 janv. |
| VIMONT (Victor), 27 ans, | (Manche), | 81e de ligne. | Pneumonie. | 13 nov. | 28 janv. |
| BOUILLET (Henri), 27 ans, | (Manche), | 57e de ligne. | Dyssenterie. | 25 déc. | 28 janv. |
| GOULARD (Antoine), 21 ans, | (Haute-Saône), | 2e de Voltigeurs. | Typhus. | 22 déc. | 28 janv. |
| SCHVAGN (Jean). | (Landes). | 17e de ligne. | Typhus. | 19 janv. | 28 janv. |
| JULIEN (Pierre). | (Lozère). | 67e de ligne, sergent. | Petite vérole. | 24 janv. | 29 janv. |
| MATHIEU (Victor), 25 ans, | Lille (Nord), | Zouave de la garde, caporal. | Petite vérole. | 20 janv. | 29 janv. |
| RASSINGEAU (Pierre), 26 ans, | (Landes), | 87e de ligne. | Petite vérole. | 13 janv. | 29 janv. |
| MAILARD (Auguste), 40 ans, | Nogent-le-Rotrou (Eure-et-Loir). | Gendarme. | Pneumonie. | 13 janv. | 28 janv. |
| BERTENET (Louis), | Courcelles (Côte-d'Or), | Garde mobile. | Typhus. | 22 janv. | 29 janv. |
| CHAUFFETON (Emile), 26 ans, | (Loiret), | 5e de ligne. | — | 15 janv. | 28 janv. |

| NOMS, PRÉNOMS ET AGE | LIEU DE NAISSANCE | RÉGIMENT ET GRADE | MALADIE ET BLESSURE | ENTRÉE A L'HOPITAL | DÉCÈS |
|---|---|---|---|---|---|
| BRACONNIER (Fr.), 24 ans, | Argilly (Côte-d'Or), | Garde mobile. | Typhus. | 2 janv. | 30 janv. |
| FLAMENT (Victor), | (Nord), | 71e de ligne. | Typhus. | 17 janv. | 30 janv. |
| VENTELOT (Jude), 23 ans, | (Haute-Garonne), | 76e de ligne. | Pneumonie. | 8 déc. | 30 janv. |
| LEFLOHIC (Jean), 26 ans, | (Morbihan). | 9e d'Artilllerie. | Typhus. | 26 janv. | 30 janv. |
| LEDESERT (Pierre), 24 ans, | (Manche). | 6e de ligne. | Pneumonie. | 20 déc. | 30 janv. |
| ABRESPY (Pierre), 21 ans, | (Corrèze), | 10e de ligne. | Typhus. | 9 déc. | 30 janv. |
| RABISCHUNG (Ambr.). | (Haut-Rhin). | 17e de ligne. sergent. | — | 8 janv. | 30 janv. |
| LHERME (Pierre), 26 ans, | Calviac (Lot), | 88e de ligne. | Typhus. | 25 janv. | 30 janv. |
| GARDE (Martin), 22 ans, | Saint-Germain (Corrèze), | 17e de ligne. | Typhus. | 28 janv. | 30 janv. |
| SOULAGUET (Jean), 23 ans, | (Basses-Pyrénées | 61e de ligne. | Typhus. | 19 janv. | 31 janv. |
| CARMEL (Auguste). | (Ardennes), | 5e d'Artillerie. | Typhus. | 8 déc. | 31 janv. |
| TONCRET (Jules), 22 ans, | Saint-Maur (Sarthe), | 94e de ligne. | Typhus. | 2 janv. | 31 janv. |
| VOISIN (Auguste), 26 ans, | (Gard), | 67e de ligne. Caporal. | — | — | 31 janv. |
| POIX (Sylvestre). 25 ans, | (Ardèche), | 5e bataillon de Chasseurs. | Dyssenterie. | 31 janv. | 31 janv. |
| MARIN (Jacques), 25 ans, | Draguignan (Var), | 16e bataillon de Chasseurs. | Typhus. | 20 janv. | 1er févr. |
| CASSES (Pierre), | (Hautes-Pyrénées), | 3e bataillon de Chasseurs. | Dyssenterie. | 29 janv. | 1er févr. |
| ALLÉGRE (Joseph), 23 ans, | (Isère), | 4e de Marine. | Typhus. | 10 déc. | 1er févr. |
| GAEDON (Pierre), | — | 2e de ligne. | Typhus | 26 janv. | 1er févr. |
| GUERNIER (Émile), 21 ans | (Calvados). | 1er de Zouaves. | Pneumonie. | 17 janv. | 1er févr. |
| ALBAGNAC (Etienne). 34 ans, | (Aveyron), | 24e de ligne. | Typhus. | 15 janv. | 1er févr. |
| MADEC (Pierre), 25 ans, | (Finistère). | 14e de ligne. Caporal. | Phthisie. | 14 déc. | 1er févr. |
| RAYNAUD (Michel), | — | 88e de ligne. | Typhus. | 15 janv. | 1er févr. |
| COUSARD (Charles), | (Côte-d'Or). | Garde mobile. | Typhus. | — | 1er févr. |
| BOCCARD (Antoine), 24 ans, | Saint-Gervais (Saône-et-Loire), | 84e de ligne. | Typhus. | 29 nov, | 2 févr. |
| GUYON (René), 23 ans, | (Nord), | 80e de ligne. | — | 29 nov. | 2 févr. |
| ORDINAIRE (Constant), | Paris (Seine). | 2e de ligne. | Pneumonie. | 2 févr. | 2 févr. |
| RODERIC (Jacques), 24 ans, | Saint-Étienne (Loire), | 69e de ligne. | — | 1er févr. | 3 févr. |
| BERTELON (Antoine), 26 ans, | Amiens | 52e de ligne. | Dyssenterie. | 26 nov. | 3 févr. |
| GAUTHIER (Jean-Baptiste), | (Loire), | 86e de ligne. | Typhus. | 18 janv. | 2 févr. |
| BERTHONET (Louis), | (Vienne), | Chasseur à pied. | Dyssenterie. | 13 janv. | 3 févr. |
| ROCKÉS (Jean), 21 ans, | Sainte-Colombe (Gironde), | 89e de ligne. | Petite vérole. | 28 janv. | 3 févr. |
| HEUILLET (Paul Antoine), 27 ans, | (Tarn), | 87e de ligne. | Typhus. | 15 déc. | 4 févr. |
| SAGE (Henri), | Arbois (Jura), | 5e Infirmiers. Caporal. | Typhus. | 20 janv. | 4 févr. |
| GIROUD (Franç.-Regis), | (Isère), | 67e de ligne. | — | 20 nov. | 4 févr. |
| MONNIER (André), | (Loire), | Garde mobile. | Pneumonie. | 13 janv. | 5 févr. |
| LEDAIN (Pierre), 23 ans, | (Morbihan) | 11e de Marine. | Dyssenterie | 14 nov. | 4 févr. |

| NOMS, PRÉNOMS ET AGE | LIEU DE NAISSANCE | RÉGIMENT ET GRADE | MALADIE ET BLESSURE | ENTRÉE A L'HOPITAL | DÉCÈS |
|---|---|---|---|---|---|
| PAGET (Jean-Pierre), | (Hautes-Pyrénées), | 6e d'Artillerie. | Petite vérole. | 22 janv. | 4 févr. |
| GUIN (Cyprien), | (Lozère), | 67e de ligne. Sergent. | Petite vérole. | 30 janv. | 4 févr. |
| FOUCHARD (Louis), | (Mayenne) | 21e de ligne. | Petite vérole. | 24 janv. | 4 févr. |
| MENÉTRIER (Pierre), 24 ans, | (Côte-d'Or) | 27e de ligne. | Typhus. | 3 févr. | 4 févr. |
| PRIER (Léon), 27 ans, | (Orne), | 84e de ligne. | Typhus. | 24 janv. | 5 févr. |
| BOUILLON (Pierre), | — | 16e de ligne. | Typhus. | 29 nov. | 5 févr. |
| HAMET (Camille), | (Calvados). | 3e bataillon de Chasseurs. | Typhus. | 16 janv. | 5 févr. |
| DOLOUS (Pierre), 23 ans, | (Aveyron). | 24e de ligne. | Typhus. | 26 janv. | 5 févr. |
| PEDEAU (Juste), | — | 81e de ligne. | Dyssenterie. | 13 janv. | 5 févr. |
| COUSSON (Jacques), 26 ans, | (Basses-Pyrénées) | 76e de ligne. | Typhus. | 26 janv. | 6 févr. |
| GUILLAUME (Ulbric), 27 ans, | (Haute-Saône), | 15e d'Artillerie. | Typhus. | 21 janv. | 6 févr. |
| DASSEVILLE (Georges), | Rouen (Seine-Inférieure), | 27e de ligne. Sergent. | Petite vérole. | 20 janv. | 6 févr. |
| MARQUIS (Joseph), 24 ans, | Lyon (Rhône), | 3e du Génie. | Phthisie. | 4 janv. | 6 févr. |
| HEARD (Jean), | (Ille-et-Vilaine), | 4e section d'Ouvriers. | Pleurésie. | 16 janv. | 6 févr. |
| GAPDEVILLE (Jean), 21 ans, | (Basses-Pyrénées). | 96e de ligne. | Phthisie. | 21 nov. | 8 févr. |
| GÉDÉON (Jean), 24 ans, | (Somme), | 6e de ligne. | Bronchite. | 15 janv. | 6 févr. |
| DESBOIS (Jean-Louis), 25 ans, | (Cher), | 2e de Voltigeurs. | Petite vérole. | 19 janv. | 7 févr. |
| JUBEAUT (Jean-Marie), 26 ans, | Ile-et-Vilaine). | 21e de ligne. | Pneumonie. | 5 févr. | 9 févr. |
| GUENOT (Félix), 27 ans, | Dijon (Côte-d'Or), | Garde mobile. | Phthisie. | 22 janv. | 8 févr. |
| BEDKER (Henri), | Bar-le-Duc (Meuse), | 2e de Zouaves. | Typhus. | 5 févr. | 9 févr. |
| RONDEAU (Jean-Marie), | Nantes (Loire-Inférieure), | 16e de ligne. | Typhus. | 10 janv. | 10 févr. |
| LONGEPEUX (Pierre), | (Haute-Vienne). | 68e de ligne. | Typhus. | 25 janv. | 10 févr. |
| RONDU (Auguste), | (Moselle), | 2e de Zouaves. | Petite vérole. | 1er févr. | 10 févr. |
| CÈBE (Pierre), 28 ans, | (Hérault), | 98e de ligne. | Typhus. | 20 janv. | 9 févr. |
| SARRAZIN (Jacques), | (Côte-d'Or), | Garde mobile. | Typhus. | 5 févr. | 10 févr. |
| LASSON (Armand), | (Vendée), | 3e de remonte. | Typhus. | 16 janv. | 11 févr. |
| CONY (Jean), 24 ans, | (Dordogne), | 2e de ligne. | Petite vérole. | 21 janv. | 11 févr. |
| LAIR (Jules-Hippolyte), 25 ans, | (Eure-et-Loir), | 2e de Voltigeurs. | Typhus. | 30 janv. | 14 févr. |
| JAQUIER (Henri), 28 ans, | Saint-Laurent (Jura), | Garde mobile. | Petite vérole. | 29 déc. | 12 févr. |
| BONNET (Régis), 43 ans, | (Drôme), | 2e de Zouaves. | — | — | 12 févr. |
| EUGÈNE (Théophile), 22 ans, | (Calvados). | 1er de Marine. | Petite vérole. | 6 févr. | 12 févr. |
| IVINEC (Guillaume), | (Finistère), | 62e de ligne. | Typhus. | 22 janv. | 12 févr. |
| BRÈME (Jean), 23 ans, | (Dordogne), | 23e de ligne. (caporal). | Petite vérole. | 10 janv. | 14 févr. |
| LARDEZE (Victor), 20 ans, | (Aisne). | 65e de ligne. | Typhus. | 23 déc. | 14 févr. |
| ALAIN (Guillaume), | (Côtes-du-Nord), | 44e de ligne. | Phthisie. | 29 janv. | 15 févr. |
| RIOU (Jean), 25 ans, | Paris (Seine), | Administration. | Pneumonie. | 18 janv. | 15 févr. |
| LEGRY (Etienne-Eugène), 26 ans, | Paris (Seine), | 21e de ligne. | Typhus. | 25 janv. | 16 févr. |

| NOMS, PRÉNOMS ET AGE | LIEU DE NAISSANCE | RÉGIMENT ET GRADE | MALADIE ET BLESSURE | ENTRÉE A L'HOPITAL | DÉCÈS |
|---|---|---|---|---|---|
| LECADET (Sébastien), 36 ans, | (Manche), | 65e de ligne. (caporal). | Typhus. | 2 févr. | 16 févr. |
| HÉDEN, | Metz (Moselle), | 6e Lanciers. | Typhus. | 5 févr. | 16 févr. |
| SYLVESTRE (Firmin), 27 ans, | (Vaucluse), | 2e de ligne. | Petite vérole. | 30 janv. | 17 févr. |
| DESPERONNAT (Jean), 24 ans, | (Aude), | 54e de ligne. | Pneumonie. | 15 janv. | 17 févr. |
| GAUTHIER (Jacob), 26 ans, | (Maine-et-Loire). | 3e de ligne. | Petite vérole. | 30 janv. | 17 févr. |
| OUTMES (Ben messaoud). 32 ans, | Constantin (Algérie), | 3e de Tirailleurs. | Pneumonie. | 15 janv. | 17 févr. |
| CHANDEL (Pierre), | Saint-Paul (Cantal), | 67e de ligne. | Typhus. | 13 févr. | 17 févr. |
| SIREL (Auguste), 25 ans, | (Calvados), | Garde mobile. | Pneumonie. | 17 févr. | 18 févr. |
| DALLY (Albert-Victor), | Amiens (Somme), | 3e de Voltigeurs. | Dyssenterie. | 15 janv. | 18 févr. |
| CHARRUS (Pierre), 25 ans, | (Dordogne). | 5e de ligne. | Pneumonie. | 10 janv. | 19 févr. |
| CHAUSSERET (Louis), | (Deux-Sèvres), | 76e de ligne. | Phthisie. | 5 févr. | 20 févr. |
| PONTAL (Joseph), 21 ans, | (Ardèche). | 59e de ligne. | Typhus. | 4 févr. | 19 févr. |
| GUÉNON (Alphonse), | (Jura). | 2e de Chasseurs. | Phthisie. | 13 janv. | 21 févr. |
| PIRION (Jacques-Marie), 35 ans, | (Côtes-du-Nord). | 2e de Voltigeurs. (sergent). | Pneumonie. | 26 janv. | 22 févr. |
| BOURGEOIS (Jean), 24 ans, | (Haute-Savoie), | 3e bataillon de Chasseurs. | Dyssenterie. | 13 janv. | 23 févr. |
| CLADE (Emile), 21 ans, | (Bas-Rhin), | Garde mobile. | Petite vérole. | 17 févr. | 23 févr. |
| GILLET (Paul), 25 ans, | (Manche), | 65e de ligne. | Pneumonie. | 3 déc. | 25 févr. |
| ROLLAND (Eugène), 25 ans, | (Loiret), | 47e de ligne. | Hydropisie. | 9 févr. | 25 févr. |
| GUESNEL (Alexandre), 23 ans, | (Manche), | 3e de Zouaves. | Dyssenterie. | 30 janv. | 25 févr. |
| CLAIRET (Julien), 22 ans, | (Ille-et-Vilaine), | Garde mobile. | Pneumonie. | 21 janv. | 25 févr. |
| CHILL (Henri), 25 ans, | Mirecourt (Vosges), | 65e de ligne. | Pneumonie. | 4 janv. | 26 févr. |
| COUSIN (François), 22 ans, | (Nord), | 78e de ligne. | Typhus. | 9 janv. | 26 févr. |
| BONNIN (Pierre), 26 ans, | (Isère). | 6e de remonte. | Pleurésie. | 5 janv. | 26 févr. |
| BLANC (Paul), | — | 4e de ligne. | Dyssenterie. | 2 déc. | 27 févr. |
| SOGRIE (Charles), 22 ans, | (Somme), | 2e de Zouaves. | Dyssenterie. | 19 déc. | 27 févr. |
| BOCKIER (Mathias), 26 ans, | (Seine). | 24e de ligne. | Inflammation du foie. | 13 janv. | 28 févr. |
| LACOSTE (J.-B.), 22 ans, | (Côte-d'Or), | Garde mobile. | Pleurésie. | 13 févr. | 1er mars. |
| BOIRE (André), | (Nièvre), | 12e de ligne. | Dyssenterie. | 23 nov. | 1er mars. |
| GROULARD (Théophile). 28 ans, | (Aisne), | 87e de ligne. | Pneumonie. | 22 janv. | 1er mars. |
| RIBOULET, | (Dordogne), | 76e de ligne. | Petite vérole. | 6 janv. | 2 mars. |
| CORDIER (Louis), 22 ans, | (Doubs), | 84e de ligne. | Typhus. | 24 févr. | 2 mars. |
| BOUTENY (François), | (Finistère), | 5e bataillon de Chasseurs. | — | 18 nov. | 2 mars. |
| MIGNY (Jean), | (Corrèze). | 57e de ligne. | Typhus. | — | 3 mars. |
| DE LA COSTE, 22 ans, | (Manche), | Lancier. | Pneumonie. | 5 déc. | 4 mars. |

| NOMS, PRÉNOMS ET AGE | LIEU DE NAISSANCE | RÉGIMENT ET GRADE | MALADIE ET BLESSURE | ENTRÉE A HOPITAL | DÉCÈS |
|---|---|---|---|---|---|
| LEMAURIEL (Paul), 28 ans, | (Meurthe), | 66e de ligne. | Typhus. | 14 janv. | 4 mars. |
| DUASQUART (Charles), 27 ans, | Jalmet | 21e de ligne. | — | 18 nov. | 5 mars. |
| DUHAMEL (Adolphe), | (Indre), | 24e de ligne. | Pneumonie. | 27 févr. | 6 mars. |
| FROMENTEAU (René), 26 ans, | (Indre), | Garde mobile. | Pneumonie. | 27 févr. | 6 mars. |
| BURGUNDER (Emile), 24 ans, | (Haut-Rhin), | 3e de Voltigeurs de la garde. | Typhus. | 26 nov. | 6 févr. |
| MARCUCHE (Charles), 25 ans, | (Haute-Saône), | 15e d'Artillerie. | Typhus. | 4 mars. | 5 mars. |
| REINGEVALD (Louis), 20 ans. | Paris (Seine), | 2e de Voltigeurs. | Typhus. | 4 mars. | 5 mars. |
| CETTELL (Remi), 30 ans, | Metz (Moselle), | 95e de ligne. | — | 14 déc. | 7 mars. |
| ALIAUD (Félix), 25 ans, | (Basses-Alpes). | Voltigeurs de la garde. | Dyssenterie. | 4 mars. | 8 mars. |
| CRETAIN, 22 ans, | (Haute-Savoie), | 61e de ligne. | Phthisie. | 24 déc. | 7 mars. |
| LABIT, 30 ans, | Oran (Algérie), | 11e de Turcos. | Phthisie. | 12 févr. | 7 mars. |
| MURIAU (Victor), 28 ans, | Bréville (Seine-et-Oise), | 2e de Lanciers. | — | 24 févr. | 7 mars. |
| MERTHIES (Pierre), 24 ans, | (Basses-Pyrénées), | 99e de ligne. | Dyssenterie. | 27 janv. | 8 mars. |
| BOILEAU (L.-François), | (Vendée), | 34e de ligne. | Petite vérole. | 5 févr. | 9 mars. |
| BRIOT (Simon), 31 ans, | (Haute-Saône), | 2e de Voltigeurs. | Typhus. | 19 janv. | 10 mars. |
| VERGNAUD (Pierre), 24 ans, | Saint-Astier (Dordogne), | 2e de Lanciers. | — | 19 févr. | 7 mars. |
| SALABER (Ernest), 21 ans, | (Ardèche), | 21e de ligne. | Petite vérole. | 18 févr. | 10 mars. |
| DUBUC (Alfred), 26 ans, | (Nord), | 61e de ligne. | Dyssenterie. | 7 févr. | 11 mars. |
| CAPELLE (Achille), 23 ans, | (Nord), | 64e de ligne. | Pneumonie. | 2 févr. | 11 mars. |
| BERNARD (Alfred), 25 ans, | (Côtes-d'Or), | Garde mobile. | — | 25 janv. | 10 mars. |
| BUCHER (Jules), 36 ans, | Chilsigheim (Bas-Rhin), | 67e de ligne. | — | 15 nov. | 9 mars. |
| RENET (Désiré), | (Seine-Inférieure), | 78e de ligne. | Hydropisie. | 9 janv. | 11 mars. |
| HOSTAIN (Guillaume), | (Gironde), | 25e de ligne. | Pneumonie. | 3 mars. | 11 mars. |
| SUPERIE (Pierre), 27 ans, | (Gers), | 67e de ligne. | Dyssenterie. | 30 janv. | 11 mars. |
| GORY (Marie), | (Puy-de-Dôme), | 6e de ligne. | Dyssenterie. | 23 déc. | 12 mars. |
| PENNEL (Jules). | Roubais (Nord), | Zouave de la garde. | Pneumonie. | 8 mars. | 12 mars. |
| BRETECHE (Auguste), 26 ans, | Nantes (Loire-Inférieure), | Zouave de la garde. | Typhus. | 5 mars. | 14 mars. |
| THOMAS (Louis), | (Loir-et-Cher), | Zouave de la garde. | Pneumonie. | 23 févr. | 13 mars. |
| OUVRARD (Jean-Marie), | (Loire-Inférieure), | 2e de Chasseurs. | Dyssenterie. | 3 mars. | 15 mars. |
| CHEVALIER (Paul), | Saint-Léger (Maine-et-Loire), | 15e d'Artillerie. | Pneumonie. | 7 mars. | 16 mars. |
| PIGNATELLE (Charles). | Marseille (Bouches-du-Rhône), | 19e bataillon de Chasseurs à pied. | Typhus. | — | 16 mars. |
| FROMENTEAU (Jean), | (Deux-Sèvres), | 76e de ligne. | Typhus. | 9 mars. | 16 mars. |
| LEGALLANT (Laurent), 24 ans, | Quimper (Finistère), | 2e de ligne. | Dyssenterie. | 6 déc. | 16 mars. |
| JORAT (Augustin), | Orgey (Savoie), | 67e de ligne. | Typhus. | 18 janv. | 15 mars, |
| LAURENT (Julien), | Sedan (Ardennes), | 96e de ligne. | Typhus. | 23 nov. | 15 mars. |

| NOMS, PRÉNOMS ET AGE | LIEU DE NAISSANCE | RÉGIMENT ET GRADE | MALADIE ET BLESSURE | ENTRÉE A L'HOPITAL | DÉCÈS |
|---|---|---|---|---|---|
| FOURNIER (André), | Paris (Seine), | 25e d'Artillerie. | Pneumonie. | 16 mars. | 16 mars |
| SOULEVE (Jean), 24 ans, | (Hautes-Pyrénées), | 3e de Voltigeurs. | Dyssenterie. | 1er mars. | 16 mars |
| PAIN (Louis), 23 ans, | (Eure), | 95e de ligne. | Pleurésie. | 20 janv. | 17 mars |
| PHILIPPE (Christian), 22 ans, | (Drôme), | 7e bataillon de Chasseurs à pied. | Typhus. | — | 17 mars |
| OTTAC (Frédéric), | (Indre), | 3e de ligne. | Pneumonie. | 17 mars. | 18 mars |
| VERGNE (Jacques), 26 ans, | (Ille-et-Vilaine), | 2e de Voltigeurs. | Dyssenterie. | 28 nov. | 18 mars |
| COQUELIN (Eugène), 28 ans, | (Drôme), | 54e de ligne. | Pneumonie. | 8 janv. | 19 mars |
| LARA (Joseph-Ferd.), | (Manche), | 2e de Voltigeurs. | Dyssenterie. | 23 janv. | 19 mars |
| DUBOSC (Louis), 23 ans, | (Landes), | Chasseur de la garde. | Typhus. | 9 févr. | 19 mars |
| DOB (Jean), | Saint-Flour | 58e de ligne. | Petite vérole. | 9 mars | 19 mars |
| CHAUVET (Michel), 32 ans, | (Cantal), | Zouave de la garde. | Pneumonie. | 17 févr. | 21 mars |
| GILINAMINI (François), | (Corse), | 56e de ligne. | Typhus. | 12 mars. | 21 mars |
| VILAR (Jean-Antoine), | (Pyrénées-Orientales), | 3e de Voltigeurs. | Dyssenterie. | 11 mars. | 23 mars |
| LEGRIS (Eugène). | (Calvados), | 21e de ligne. | Dyssenterie. | 11 mars. | 22 mars |
| RIAFFAUD (Alexandre), | (Maine-et-Loire), | 2e d'Artillerie. | — | 21 mars. | 21 mars |
| COUTURIER (Eléonore). | — | 1er de Marine. | Pneumonie. | 11 mars. | 22 mars |
| PHARAMIN (Jean), | (Morbihan), | 2e de Voltigeurs. | Typhus. | 12 mars. | 22 mars |
| FERRET (Michel), | (Ariége), | 2e de Voltigeurs. | Pneumonie. | 19 mars. | 23 mars |
| SANTONI (Simon-Paul), | (Corse). | 3e de Voltigeurs. | Typhus. | 10 janv. | 23 mars |
| VIMOND (Aimé), | (Côtes-du-Nord), | 33e de ligne. | Typhus. | 9 mars. | 24 mars |
| JEANTON (Jean), | Saint-Martin (Drôme), | 13e de ligne. | Typhus. | 19 janv. | 25 mars |
| BERTHOLET (Louis), | (Loir-et-Cher) | 67e de ligne. | Typhus. | 20 mars. | 25 mars |
| BEAUVERGER (Louis), | (Côtes-du-Nord), | 68e de ligne. | Pneumonie. | 20 mars. | 25 mars |
| SIGNORET (Sylvain), | (Indre), | 3e de Voltigeurs. | Typhus. | 20 mars. | 25 mars |
| BLAISET (Jean), | (Côtes-du-Nord), | Garde mobile. | Typhus. | 11 mars. | 27 mars |
| BARDOT (Alexandre), | Dijon (Côtes-d'Or), | 2e de Voltigeurs. | — | 26 mars. | 26 mars |
| HAMELIN (J.-Baptiste), 24 ans, | (Côtes-du-Nord), | 2e de ligne. | Pneumonie. | 28 mars. | 30 mars |
| MARCOULIER (Louis), | Saint-Vincent (Aveyron), | 13e de ligne. | Typhus. | 11 févr. | 28 mars |
| VEISS (Joseph), | (Haut-Rhin), | 2e de Voltigeurs. | — | 5 janv. | 27 mars |
| SALLE (Pierre), 21 ans, | (Basses-Pyrénées), | 72e de ligne. | Typhus. | 11 févr. | 30 mars |
| ROBILLARD (Auguste), 24 ans, | (Manche), | 63e de ligne. | Pneumonie. | 14 févr. | 31 mars |
| ONFROY (Charles), | Gausseville (Manche), | 8e Artillerie, maréchal des logis. | Petite vérole. | — | 1er avril |
| TOUREAU (Denis), | Jouhet (Vienne), | 78e de ligne. | Typhus. | — | 1er avril |
| MATHIEU (Louis), | (Côte-d'Or), | Garde mobile. | Typhus. | — | 2 avril |
| MAURET (Luc), | Périgueux (Dordogne), | 13e de ligne. | Typhus. | — | 2 avril |
| FACHON (Antoine), | Rouen (Loire). | 3e Génie. | Petite vérole. | — | 2 avril |
| LOUNY (Alexis), | (Mayenne), | 68e de ligne. | Dyssenterie. | — | 3 avril |
| VALLÉE (Jean-François), | (Ille-et-Vilaine), | Caporal au 21e de ligne. | Petite vérole. | — | 4 avril |
| PELLET (Jean), | (Isère), | 21e de ligne. | Typhus. | — | 4 avril |
| DULAC (Jean), | Lyon (Rhône), | 3e Voltigeurs de la garde. Sergent. | Hydropisie. | — | 5 avril |
| TESSIER (Jean-Baptiste), | Flavigny (Meurthe), | 18e de ligne. | Typhus. | — | 4 avril |
| BEYROUT (Joseph), | Vérilbat (Jura), | 76e de ligne. | Dyssenterie. | — | 5 avril |

| NOMS, PRÉNOMS ET AGE | LIEU DE NAISSANCE | RÉGIMENT ET GRADE | MALADIE ET BLESSURE | ENTRÉE A L'HOPITAL | DÉCÈS |
|---|---|---|---|---|---|
| JUILLARD (Pierre-Victor), | Savigna (Jura), | 3e Génie. | Typhus. | — | 6 avril. |
| DELAE (Léonard), | (Corrèze), | 2e régiment de la garde. | Pneumonie. | — | 8 avril. |
| BOST (Charles), | (Dordogne), | 35e de ligne. | Phthisie. | — | 7 avril. |
| MOLLET (François), | (Ille-et-Vilaine). | 21e de ligne. | Typhus. | — | 7 avril. |
| CELLÉRIER (Jules), | Limoges (Haute-Vienne), | 2e Tirailleurs Sergent. | Petite vérole. | — | 9 avril. |
| BLANCHON (Joseph), | (Aveyron), | Chasseur à cheval. | — | — | 10 avril. |
| MICHAUD (Baptiste), | (Vienne), | 7e Marine. | Pneumonie | — | 10 avril. |
| RIMBOLD (Joseph), | (Bas-Rhin), | 15e de ligne. | Dyssenterie. | — | 11 avril. |
| VALADON (Jean), | (Cantal), | 19e de ligne. | Pneumonie. | — | 11 avril. |
| LIETTE (François), | Sornac (Corrèze), | 88e de ligne. | Pneumonie. | — | 12 avril. |
| MATHON (Félix), | Roquemaure (Gard), | 76e de ligne. | Typhus. | — | 13 avril. |
| DUBREUIL (Pierre), | (Gironde), | 67e de ligne. | Dyssenterie. | — | 14 avril. |
| BERDREAUX (Martin), | (Maine-et-Loire), | 2e d'Artillerie. | Pneumonie. | — | 14 avril. |
| MONFORT (Maurice), | (Finistère), | 2e Voltigeurs de la garde. | Typhus. | — | 14 avril. |
| RIVRIN (Jean), | Oranche (Manche), | Clairon au 5e d'Artillerie. | Typhus. | — | 16 avril. |
| FLORAND (Jean-Bapt.), | (Vosges), | 76e de ligne | Dyssenterie. | — | 16 avril. |
| JULARD (François), | Saint-Martin (Vendée), | 3e Voltigeurs de la garde. | Typhus. | — | 17 avril. |
| MAJOT (Alfred), | (Côte-d'Or), | Garde mobile. | Rougeole. | — | 17 avril. |
| TOMA (René), | — | Ligne. | Typhus. | — | 18 avril. |
| GOULARD (Émile), | La Ville au bois (Aisne), | Marine. | Phthisie. | — | 18 avril. |
| FAURE (Jean), | (Charente-Inférieure), | 34e de ligne. | Phthisie. | — | 18 avril, |
| LEGROS (Théodore), | Paris (Seine), | 15e Chasseurs à pieds. | Phthisie. | — | 18 avril. |
| GARNIER (Jean-Louis), | Saint-Fortunat (Ardèche), | 2e Voltigeurs. | Typhus. | — | 19 avril. |
| ESQUERE (Jean-Marie), | (Haute-Pyrénées), | 21e de ligne. | Epilepsie. | — | 20 avril. |
| DUCHEMIN (Adrien), | (Calvados), | 94e de ligne. | — | — | 20 avril. |
| HIVAUR (Alphonse), | Tranqueville (Aisne) | 2e Zouaves. | Typhus. | — | 22 avril. |
| ABDELCADER (Bénaamad,) | (Alger), | 2e Tirailleurs. | Pneumonie. | — | 22 avril. |
| BRUGADIER (Antoine), | Boised (Cantal), | 98e de ligne. | Pneumonie. | — | 23 avril. |
| MINAC (Joseph), | (Loire), | 10e d'Artillerie. | Typhus. | — | 23 avril. |
| VAIVRE (Jules), | Gray (Hautes-Saône), | 46e d'Infanterie. | Pneumonie. | — | 4 avril. |
| ALTAVENA (Jean), | Nices (Alpes-Maritimes), | 20e d'Artillerie. | Pneumonie. | — | 24 avril. |
| CHEVALIER (Adolphe), | Pontaux (Saône-et-Loire), | 6e Infanterie. | Typhus. | — | 25 avril. |
| DESCACQ (Bertrand), | (Landes), | 3e Voltigeurs. Caporal. | Pneumonie. | — | 26 avril. |
| FACEAU (Ferdinand), | (Loiret), | 5e de ligne. | Petite vérole. | — | 26 avril. |
| COUSIÈRE (Noël), | (Gers), | 3e Voltigeurs. Caporal. | Pneumonie. | — | 27 avril. |
| LEROY (Emile), | (Eure), | 13e Artillerie. | Phthisie. | — | 27 avril |
| JOMAND (Antoine), | (Rhône), | 5e Artillerie. | Cancer. | — | 29 avril. |
| BERNADOU (Etienne), | (Cap,) Hautes-Alpes, | 4e de ligne. | Typhus. | — | 29 avril. |
| CONSTARD (Jean), | (Vaux), (Somme), | 18e de ligne. | Dyssenterie. | — | 29 avril. |
| GUILLAUME (Etienne), | (Finistère), | 2e Lanciers. | Dyssenterie. | — | 30 avril. |
| THOMAS (Jean), | E-quibien (Finistère), | 2e Voltigeurs. | Pneumonie. | — | 31 avril. |

| NOMS, PRÉNOMS ET AGE | LIEU DE NAISSANCE | RÉGIMENT ET GRADE | MALADIE ET BLESSURE | ENTRÉE A L'HOPITAL | DÉCÈS |
|---|---|---|---|---|---|
| DABÉZIC (Pierre), | (Hautes-Pyrénées), | Zouave de la garde. | Petite vérole. | — | 1er mai. |
| ALBRECHT (Etienne), | (Moselle), | 8e bataillon de Chasseurs. | Pneumonie. | — | 2 mai. |
| BOUDOT (Claude), | (Haute-Saône), | 61e de ligne. | Pneumonie. | — | 3 mai. |
| MICHAUD (Jean), | Sadapeyre (Creuse), | 88e de ligne. | Pneumonie. | — | 4 mai. |
| LEPORS (Yves), | Guisségny (Finistère), | 2e Voltigeurs. | Pneumonie. | — | 6 mai. |
| HALMÉ (Louis), | (Saint-Michel-de-Feins) (Mayenne), | 84e de ligne. | Pneumonie. | — | 7 mai. |
| ASMAND (Romain), | Seine-Inférieure | 70e de ligne. | Pneumonie. | — | 9 mai. |
| DIRAISON (Henri), | Landéda (Finistère), | 3e Lanciers. | Fièvre. | — | 9 mai. |
| BONARDEL (Jean), | Fontaine (Isère), | 21 de ligne. | — | — | 8 mai. |
| GUILLEMET (Joseph, | Guignin, (Ille-et-Vilaine) | Garde Mobile. | Pneumonie. | — | 9 mai. |
| CLÉMENT (Charles), | (Oise), | 13e Artillerie. | Phthisie. | — | 10 mai. |
| CARRÉ (Pierre), | Chauray (Deux-Sèvres), | 58e de ligne. | Dyssenterie. | — | 10 mai. |
| CÉTA (Noël), | (Corse), | 70e de ligne. | Pneumonie. | — | 10 mai. |
| FRANÇOIS (Nicolas), | Vandières (Meurthe), | 18e de ligne. | Pneumonie. | — | 11 mai. |
| MADÉLA (Ben-Amar), | Oran, | 2e Tirailleurs. | Pneumonie. | — | 11 mai. |
| ELIOT (Eugène), | Dijon, (Côte-d'Or), | 15e de ligne. | — | — | 12 mai. |
| SAMSON (Arthur), | Saint-Lô (Manche,) | 8e Artillerie. | Phthisie. | — | 13 mai. |
| BROCHARD (Jules), | Alexin (Mayenne), | 83e de ligne. | Typhus. | — | 14 mai. |
| LAGARRIGUE (Aug.), | (Haute-Garonn ,) | 52e de ligne. | Typhus. | — | 13 mai. |
| FÉRANT (Pierre), | Saint-Pierre-de-Mons; (Gironde), | 94e de ligne. | Typhus. | — | 14 mai. |
| BERTIN (Aubert), | Pontcey (Doubs), | 16e bataillon de Chasseurs. | — | — | 15 mai. |
| GIROUX (Jean-Baptiste), | Saint-Pierre (Isère), | Garde Mobile. | Petite vérole. | — | 16 mai. |
| BACAUD (Raphaël), | Aubusson (Creuse), | 70e de ligne. | Pneumonie. | — | 16 mai. |
| VIOLET (Eugène), | Carpentras (Vaucluse), | 57e de ligne. | Phthisie. | — | 16 mai. |
| LAFORGUE (Jean), | Poucharrammet (Haute-Garonne), | 97e de ligne. | Bronchite. | — | 17 mai. |
| NARÈS (Eugène-François), | Chaumontel (Seine-et-Oise, | 70e de ligne. | Pneumonie. | — | 17 mai. |
| VERGNAUD (Etienne), | Limoges (Haute-Vienne), | 65e de ligne. | — | — | 17 mai. |
| AHMED (Ben-Aussin), | Constantine, | 3e Tirailleurs. | Phthisie. | — | 18 mai. |
| BIGNON (Pierre), | (Ille-et-Vilaine), | 2 Voltigeurs. | Pneumonie. | — | 20 mai. |
| REMOURE (Jean), | Abriès (Hautes-Alpes), | 3e Chasseurs. | Typhus. | — | 19 mai. |
| VEILLARD (Pierre), | Fontenay (Vendée), | Garde mobile. | Pneumonie. | — | 20 mai. |
| CHEVRIN (Constant), | Terrier (Aisne), | 1e de Génie. | Pneumonie. | — | 21 mai. |
| FONTENAU (Edouard) | Amiens (Somme), | 19e de ligne. | Pneumonie. | — | 21 mai. |
| VINCENT (Nicolas), | (Vosges), | 7e Dragons | Pneumonie. | — | 23 mai. |
| PESSAGRE (Jean), | (Aveyron), | 99e Infanterie. | Typhus. | — | 23 mai. |
| BERTIN (Auguste), | (Seine), | 70e de ligne. | Dyssenterie. | — | 23 mai. |
| ARGOUD (Henri), | Grenoble (Isère), | 8e d'Artillerie. | Pneumonie. | — | 23 mai. |
| BONNET (Léon), | (Haute-Saône), | 1er Cuirassiers. | Typhus. | — | 23 mai. |

| NOMS, PRÉNOMS ET AGE | LIEU DE NAISSANCE | RÉGIMENT ET GRADE | MALADIE ET BLESSURE | ENTRÉE A L'HOPITAL | DÉCÈS |
|---|---|---|---|---|---|
| FONTAINE (Joseph), | (Var), | 30e de ligne. | Hydropisie. | — | 23 mai. |
| HUGUEBAD (Henri), | (Nord), | 65e de ligne. | Dyssenterie. | — | 24 mai. |
| GRISON (Toussaint), | (Sarthe), | 2e de ligne. | Pneumonie. | — | 24 mai. |
| NICOLAS (Jean-Baptiste), | (Ardennes), | 6e de ligne. | Pneumonie. | — | 24 mai. |
| SOULAT (Sylvestre), | Foix (Ariège), | 22e de ligne. | Pneumonie. | — | 24 mai. |
| CLEMENT (Mignié), | Mure (Isère), | 6e d'Artillerie. | Pneumonie. | — | 24 mai. |
| AUBIN (Jean-Baptiste), | Etaules (Côte-d'Or), | Garde mobile. | Phthisie. | — | 27 mai. |
| ROUSSEAU (Jean), | Fontaine (Charente-Inférieure), | Artillerie de la garde. | Typhus. | — | 27 mai. |
| FERCHAUD (Réné), | (Maine-et-Loire), | 23e de ligne. | Petite vérole. | — | 28 mai. |
| CANS (Romain), | (Manche), | 1er Dragons. | Pneumonie. | — | 28 mai. |
| NEITGE (Pierre), | (Lot-et-Garonne), | 2e bataillon de Chasseurs à pied. | Pneumonie. | — | 28 mai. |
| DALANMIN (Diogène), | Sennéville (Seine-Inférieure), | 70e de ligne. | Pneumonie. | — | 28 mai. |
| LIOTARD (Henri). | Saint Barthélemy (Isère), | 3e d'Artillerie. | Pneumonie |  | 20 mai. |
| SIDOUX (Jean), | Nevers (Nièvre), | 4e d'Artillerie. | Pneumonie. | — | 30 mai. |
| ESTRIBEAU (Antoine), | (Gironde), | 16e d'Artillerie. | Pneumonie. | — | 30 mai. |
| REMBAULD (Claude), 26 ans, | (Gard), | 67e de ligne. | Pneumonie. | 15 mai. | 1er juin. |
| RAPAIS (Philippe), 27 ans, | Mézières (Ardennes), | 76e de ligne. | Typhus. | 28 mars. | 1er juin. |
| FAVRE (Maurice), 24 ans, | Argis (Ain), | 3e Voltigeurs. | Phthisie. | 30 avril | 2 juin. |
| CHIRMBAUD (Jules), 23 ans, | (Creuse), | 47e de ligne. | Pneumonie. | 24 mai. | 1er juin. |
| DIDIER (Auguste), 26 ans, | (Haute-Saône), | 6e bataillon de Chasseurs. | — | 23 mai. | 3 juin. |
| BAREAUT (Constant), 28 ans, | (Mayenne), | 60e de ligne. | — | 2 3 mars. | 4 juin. |
| ROBES (Constant), 26 ans. | (Aisne), | 63e de ligne. | Typhus. | 23 mars. | 4 juin. |
| ROUSSIERE (Jean-Marie), 28 ans, | (Haute-Garonne), | 82e de ligne. | Typhus. | 24 avril. | 4 juin. |
| NOBLOT (Philibert), 25 ans, | Autun (Saône-et-Loire), | 84e de ligne. | Pneumonie. | 3 juin. | 5 juin. |
| SEGON (Guy), 26 ans, | (Finistère), | 4e garde Voltigeurs. | Typhus. | 7 juin. | 7 juin. |
| VERNE (Lazare), 27 ans, | Paris (Seine), | 3e garde Voltigeurs. | Pneumonie. | 28 mai. | 7 juin. |
| BRAU (Firmin), 27 ans, | (Hautes-Pyrénées), | 4e de Marine. | Typhus. | 7 mai. | 7 juin. |
| JÉHANIN (Pierre), 35 ans, | Saint-Malo (Ile-et-Vilaine), | 2e de Voltigeurs. | Pneumonie. | 27 mai. | 8 juin. |
| CRETEL (Pierre), 26 ans, | Saint-Valéry (Somme), | 70e de ligne. | Pneumonie. | 23 mai. | 9 juin. |
| MALVAUD (Henri), 27 ans, | (Vendée), | 70e de Voltigeurs. | Pneumonie. | 28 avril. | 9 juin. |
| BESSE (Jean), 25 ans, | (Corrèze), | 10e de ligne. | Typhus. | 28 mai. | 10 juin. |
| PRÉVOST (Jean-Louis), 28 ans, | (Seine-et-Oise), | 6e bataillon de Chasseurs. | Angine. | 5 juin. | 10 juin. |
| BICHON (Honoré), 25 ans, | (Orne), | 21e de ligne. | Petite vérole. | 29 avril. | 11 juin. |
| BOLLAND (François), 26 ans, | Pellavec (Lot), | 88e de ligne. | Typhus. | 26 mai. | 11 juin. |
| LAMBERT (Louis), 22 ans, | (Nièvre), | Train d'Artillerie. | Pneumonie. | 21 mai. | 11 juin. |
| BOUCHY (Jean-Marie), 30 ans, | (Loire), | 4e de Marine. | Pneumonie. | 25 avril. | 11 juin. |

| NOMS, PRÉNOMS ET AGE | LIEU DE NAISSANCE | RÉGIMENT ET GRADE | MALADIE ET BLESSURE | ENTRÉE À L'HOPITAL | DÉC |
|---|---|---|---|---|---|
| BAROUX (Désiré), 25 ans, | Montigny (Loire), | 1er de Marine. | Angine. | 11 juin. | 1er ju |
| BRET (Pierre), 23 ans, | Bordeaux (Gironde), | 1er de Zouaves. | — | 11 juin. | 12 ju |
| DUCHENNA (Jean), 27 ans, | (Manche), | 62e de ligne. | Pneumonie. | 21 mai. | 13 ju |
| LECAUTHIER (Auguste), 27 ans, | (Mayenne), | 61e de ligne. | Pneumonie. | 2 mai. | 14 ju |
| GUESDON (Louis), 25 ans, | (Manche), | 1er de Voltigeurs. | Typhus. | 3 juin. | 1er ju |
| SANTARELI (Jean), 22 ans, | (Corse), | 76e de ligne. | Pneumonie. | 27 avril. | 20 jui |
| SAUVAGET (Marie), 44 ans, | (Loire), | 2e de Voltigeurs. | Pneumonie. | 5 mai. | 22 jui |
| RIDAL (Edmond), 28 ans, | Granville (Seine-Inférieure), | 70e de ligne. | Typhus. | 13 juin. | 24 jui |
| BARY (Jules), 26 ans, | (Seine-et-Oise), | 2e de Marine. | Marasme. | 1er mai. | 26 jui |
| CHANAL (Pierre), 23 ans, | (Haute-Loire), | 2e de Grenadiers. | Phthisie. | 8 juin. | 26 jui |
| GALLICI (Joseph), 23 ans, | (Loire), | 4e de Chasseurs. | Marasme. | 29 mars. | 27 jui |
| PAILLET (Pierre), 27 ans, | (Vienne), | 7e de ligne. | Phthisie. | 29 mars. | 30 jui |
| BELHOMME (Michel), 24 ans, | (Vaucluse), | 6e de Cuirassiers. | Phthisie. | 1er mai. | 3 jui |
| ARNAULT (Joseph), 31 ans, | (Isère), | 66e de ligne. | Phthisie. | 15 mars. | 4 jui |
| BEUILLE (Paul), 22 ans, | (Ariége), | 1er de Dragons. | Phthisie. | 23 juin. | 8 jui |

PARIS. — IMPRIMERIE ADRIEN LE CLERE, RUE CASSETTE, 29.

BIBLIOTHEQUE NATIONALE DE FRANCE
3 7531 01456131 1

www.ingramcontent.com/pod-product-compliance
Lightning Source LLC
LaVergne TN
LVHW010107230826
846091LV00005B/2119
*9782012938779*